小鳥小哲學

目錄

序言

一隻烏鶇棲息在矮牆上，牠全身烏黑，鳥喙呈黃色，眼睛炯炯有神。仔細端詳——牠以身為烏鶇而怡然自得，不是嗎？在草坪上躍動、窺伺蟲子的牠看起來豈不是對生活徹底心滿意足？如果我們像牠那樣對生活自得其樂，則我們在日常生活中必然會更自在。

傳說和故事裡的鳥類往往扮演教育、啟蒙和傳遞訊息的角色。梅特林克（Maeterlinck）筆下的青鳥代表幸福。中世紀波斯詩集《百鳥朝鳳》（*La Conférence des oiseaux*）述說三十隻遊隼為了尋找鳥王而展開啟蒙之旅，其中每隻鳥分別象徵一種人類行為。賽爾瑪・拉格洛芙（Selma Lagerlöf）筆下的野鵝帶著少年尼爾斯・霍格森（Nils Holgersson）展開神奇奧妙而充滿啟發的旅行，當他返回時，將徹底改頭換面。

希臘智慧女神雅典娜的象徵是一隻鳥——鴞，這是一種渾圓的小貓頭鷹，眼睛呈金黃色。極度優雅的鸛——家長的友伴——從前被視為會把新生兒帶進家中。此外，還有嘴裡銜著《聖經》中象徵和平的橄欖枝的白鴿，或者以在春季飛回歐洲而為人所知的敏捷燕子。

進入二十一世紀，鳥類還要教導我們哪些事呢？

透過本書對鳥類的片段省思，我們將發現這些生物猶如小思想家：只要好好仔細觀察，將發現牠們促使我們自我省察，而我們卻自認為位居生物進化的巔峰，還自詡為「世界主宰」！的確，透過許許多多科學、社會學和行為的研究，並基於鳥類自古以來代表的文學和神話象徵，牠們難道不足以作為一面鏡子，持續引發智人反觀自身？而如果我們花時間好好思索自己能從這些長著翅膀的動物身上——例如從牠們的社交生活、引誘手段、養育方式或甚至洗澡方式——學到什麼？

鳥類的愛情觀是如何呢？忠貞不渝或是多夫多妻？沉穩還是放蕩？為何某些鳥是無可救藥的旅者，而其他種類的鳥則一直頑固地宅在巢裡？長期撫育幼鳥比較好，還是該扶助牠們儘早獨立？為什麼斑鳩是家務分工女王，而多面戰士（combattant varié；一種鳥類，正式名稱是流蘇鷸）則是超級大男性主義者？鳥類每天如何生活——面對風雨、黑夜，並觀察月亮升起，和星星點綴的黎明？牠們是否真的在臨終時躲起來？

這些思考不只是基於最新進的研究結果，也基於透過在世界各地長期觀察而和鳥類近距離接觸：沿著河岸、在熱帶叢林，或者沙漠中飽受風吹的沙丘；這使我們確信鳥兒的天地有一些值得學習的地方。率真自在的鳥兒是低調的生活大師，只要我們願意聆聽，就會發現牠們有許多話對我們傾訴。

烏鶇 Common blackbird

流蘇鷸 Ruff，攝於立陶宛尼曼河

接納自己的脆弱：鴨子的退隱

鳥的一生就像我們的人生，也歷經各式各樣的事件——小小的消亡和新生。例如換羽就是其中之一。為了獲得更漂亮的羽毛而落去原有的羽毛，這有點像是學著每年自我更新，儘管必須歷經一段艱困的時期才能達成。身為有別於鳥的人類，我們雖然會掉毛髮，但並不了解這些換羽的階段——然而對我們人類來說，有時也必須換羽。在某些重大的生命時刻——為愛心碎、哀悼、失業、遷居之際，我們必需改頭換面、變換衣著或髮型以及生活作息。然而我們卻很少這麼做。

必須懂得讓內在的一部分消亡，好重獲新生。而這恰是鳥所做的：牠用損耗的羽毛換得健美奪目的新羽衣。這對牠來說相當重要：牠如果沒有完好的羽毛，就無法飛翔。而這對我們也至關重大：如果我們無法換新羽毛、揮別過往，這往往會成為阻礙我們向前邁進的絆腳石。

換羽期的鳥格外脆弱。有時候，牠會暫時無法飛翔，某些鴨子的情形就是如此。鳥的這種情形就是所謂的蝕羽（plumage d'eclipse）。這個優美的詞是指鳥稍事休息、等待掉落的主要羽毛重新長出來的時刻。鳥察覺到自身的脆弱，於是變得低調，暫時擱置重要的事情。牠進行更新的時候，耐心等待，好重拾一切精力，美得煥然一新。

也許我們有時也該這麼做。

今日社會不斷鞭策我們要更有效率，於是我們再也不懂得在生命的脆弱時期隱沒，給自己充分的時間恢復生氣，重拾力量。哀悼的時候，不知道要聽到多少次「生命還是會繼續」？失戀之後，人們總會說「舊的不去，新的不來」；失去陪伴我們的寵物之後，總會聽到「噯，還不就只是隻動物而已」？彷彿我們不全然有權利退隱、悲傷。然而，情況並非如此。哀悼之後，生命再也不會一如往昔。而且，失去的愛再也不會復返。生命的確會再有其他快樂和邂逅，但是為何不接納刻骨銘心的失落？我們再也不給自己充裕的時間，讓自己從憂傷中恢復——也就是完成必需的換羽過程。

在人生中，即使我們不削弱自己的翅膀，別人往往也會把它們截斷；也難怪我們再也不懂得如何在生命中自在翱翔……

讓我們允許自己在生命中重大和微小時刻換新羽毛，經歷蝕羽。然後，我們復出時，將變得更堅強、更美麗——和鳥一樣自在。

綠頭鴨 Mallard Duck，蝕羽階段的公綠頭鴨

平等二三事：斑鳩精神浮世繪

關於母鳥，人類會在腦海中浮現一個埃皮納勒式的畫面①；這個畫面雖然很符合人類的觀點，但並不完全符合現實。畫面呈現母鳥在公鳥所築的巢裡勤勉無私地孵蛋，此時公鳥則在外面昂首挺胸、在枝頭歌唱，或在眾目睽睽之下鼓起羽毛。而羽衣黯淡、模樣蹩腳的母鳥則默不作聲，堅忍不懈地孵卵，孜孜不倦地餵養幼鳥，公鳥這時則已經展開新的冒險。

① 位於法國東北部的埃皮納勒市（Épinal）以在十九世紀出產版畫而聞名，該市也是率先發行這類版畫的尚—查爾斯·裴勒漢（Jean-Charles Pellerin）的故鄉，這些版畫也因而統稱為埃皮納勒版畫，其畫面呈現法國社會民情的各種面向。「埃皮納勒畫面」後來演變成法國諺語，泛指以傳統而天真、只著眼事物光明面的方式描繪事物。

這個刻意誇大的畫面有時的確呼應現實。鴨子的情形就是如此。雄鴨的羽毛往往繽紛多彩，在春天羽毛尤其修長，格外光彩奪目。相反地，雌鴨的羽毛顏色黯淡，經常呈棕色、黑色和白色。這實際上是最佳的掩飾，雌鴨夫人於是能和土地、樹枝、蘆葦和草融為一體，她就在其間築巢和孵蛋。她築巢的時候，有時會拔下自己腹部的羽絨，好讓巢更加柔軟。漫長的三個星期裡，她始終棲息在巢裡孵蛋，隱身蟄伏，不讓其他生物看見，除了稍微出來動一下爪子和進食之外，都寸步不離好不容易孵出的一窩小鴨。雄鴨則已經加入一夥公鴨的行列，並從春末開始換羽，一時之間身上的羽毛看起來幾乎和雌鴨一樣。在這個羸弱的階段，雄鴨通常都飛不起來，於是很容易淪為獵物。因此，牠往往在偏僻、遺世獨立的地方換羽。但這樣是無法扶養小鴨的。於是扶養的責任由羽衣樸素的雌鴨承擔。小鴨一出生，母鴨就帶牠們到水邊，而直到小鴨會飛之前，她都寸步不離，始終保持警覺，只要一有風吹草動，就挺身保護小鴨；此外，她還尋覓餵養十幾個小鳥嘴所需的口糧。儘管她付出一切努力，但在捕食性動物的反覆侵襲之下，原本一窩十或十二隻乳鴨還是逐漸減少。於是，直到小鴨即將學飛的時候，通常頂多只剩下兩、三隻，有時甚至連一隻都不剩……小鴨一旦離開母鴨而獨立，母鴨就必須迅速換羽，因為在許多鴨種的情況，作為年度週期一環的遷徙緊接著就要展開。這一切全都必須在幾個星期之內完成。雌鴨因操勞而耗弱，於是存活率比配偶還低。所以當我們看到某些種類的鴨子，雄鴨數量比雌鴨還多，也就不足為奇了！

相對於母鴨代表的熱切奉獻的雌鳥形象，還有一個更鮮為人知（而且在自然界確實頗為罕見）的雌鳥形象：她發號施令，而雄鳥則執行夫人的命令。這就像水鳥大家族的情況；這個鳥種涵蓋全部的小型涉禽（紅嘴鷗、沙錐、鴴、濱鴴鷸等），也就是我們在遷徙期間或冬季，在泥沙淤積、岩岸或沙岸的海濱看到的所有這些「海岸跑者」。由雌鳥打理一切的鳥種之中，值得一提的是所有的瓣蹼鷸和小嘴鴴。瓣蹼鷸是一種鮮為人知的鳥，牠們在極地凍原築巢，等到繁殖一結束，就立刻飛往……茫茫大海，在那裡度過餘生；這在陸鳥之中相當罕見。至於小嘴鴴（和鴴相近）則是一種很美的鳥，也來自北半球北部。牠們在冬令時節遷徙，飛往非洲北部以及中東地區。這種鳥以對人類格外溫和而聞名。（置身廣袤凍原的牠何必對人兇猛呢？）

這些種類的鳥由雌鳥來扮演通常由雄鳥扮演的角色。實際上，在交配季節身披絢爛羽衣的就是雌鳥，反觀雄鳥的羽衣則黯淡無光。在交配季節，為求偶而展開炫耀的都是雌鳥，她會挑出一隻或多隻雄鳥，和他（們）交配。一群雌鳥透過彼此追逐、假裝彼此爭奪，並在雄鳥身邊搔首弄姿，大玩引誘的遊戲。雌鳥接著若有其事地挖洞，彷彿在幫忙築巢，最後卻在下蛋之後就……揚長而去。接下來將近三週裡，由雄鳥負責孵所有的蛋。於是，孤家寡鳥的他將擔起扶養整窩小鳥的責任。雌鳥有時會歸巢，不請自來地在發生危險時警告小鳥，以示保護。但雄鳥對她的愛管閒事嗤之以鼻，往往還把她趕走。幼鳥很早熟，一出生就離開巢，而且會在單一家長——這裡是指雄鳥——引導之下自己進食。但不可否認的，儘管雄鳥克盡親職，他可能還是不如雌鳥來得殷切周到，因為雄鳥往往在幼鳥學會飛翔之前就離巢而去。

某些鳥類採取另一種獨門招數：母鳥產下兩窩蛋，和雄鳥各負責孵一窩，之後各自扶養小鳥！北半球北部某些小型涉禽的情況就是如此。於是，濱鷸的「伴侶生活」只持續不到幾個星期。雌鳥和一隻（有時多隻）雄鳥交配，在一個巢產下第一批蛋，再到另一個巢產下第二批蛋，她的各個伴侶則接著分別獨自打理鳥巢，和照料巢裡的蛋。這些單親家庭的成因耐人尋味，不過答案很簡單：在這些北半球高緯度地區，覓食和天候條件欠佳，因而這些鳥終究只會短暫停留。於是這些鳥產兩窩卵，分別分配給一個家長，藉此善加利用她們在當地停留的時間，而最重要的是，還能提高成功繁衍後代的機率。

然而，上述例子並非常態。

為了扶養幼鳥，鳥類通常會採取兩性輪替的方式。可想而知，這是提高後代存活率的最佳對策。兩隻鳥輪流，比一隻鳥輕鬆。於是斑鳩厲行一夫一妻制，堪稱女性主義典範！

斑鳩的兩性分工是徹底對等的。牠們的金句是「互助合作」。雄鳥負責收集做巢用的細枝，雌鳥則負責組構築巢的材料，然而這個巢終究還是滿陽春的。孵育小鳥也是分工合作：雌鳥和雄鳥日夜輪流孵兩顆蛋。而且兩者一同餵養幼鳥，直到牠們半個月後學飛。井然有序的輪替……

斑鳩夫婦是不折不扣的團隊。斑鳩幼鳥經常淪為捕食性動物的獵物，而本身頗不牢固的巢不盡然能抵擋惡劣天候，這說明了親鳥為何天衣無縫地彼此團結。幼鳥如果無法順利成長，成鳥就必須重新上工。面對這個處境，一夫一妻、團結一致的伴侶是絕佳解決方式，它極為有效，以至於如果第一批孵化的幼鳥被安然無恙地扶養到學飛的時候，親鳥幾天後便會再度繁殖。如果一切順利，我們會看到一些斑鳩在冬末到初秋之間，很有效率地不斷繁殖。

於是，我們可以從鳥類身上看到所有可能的兩性分工策略。但如果光從這些動物身上汲取符合男性意識而且可能合理化某些大男人舉動的東西，這很可能只是開脫的小伎倆……只要閱讀古代（必須申明是男性）博物學家寫的文章就知道了，這些文章歌頌某種美好的田園光景：為一窩雛鳥而奉獻的母鳥雖然孤苦伶仃，但為了延續後代，依然毫不猶豫地犧牲。

古人可能不知道，其實有些種類的母鳥扮演相反的角色，但是直到今天，仍然沒有太多人知道這方面的發現！

所以，如果要從中學到一件事情，那就是：大部分鳥類都認為分工是最佳方案，而在我們人類發現之前，鳥類一定早就知道了！

紅領瓣足鷸 Red-necked Phalarope，攝於挪威瓦朗厄爾半島

小嘴鴴 Eurasian Dotterel

濱鷸 Calidris

冠鳩 Crested Pigeon，鴿形目鳩鴿科冠鳩屬，生活在澳洲大陸，長 30 至 34 公分

好習慣的藝術：鳥教我們的日常之美

鳥是習慣的動物。牠們在固定時刻進食、飲水、午睡，也在特定季節引誘、繁殖、扶養幼鳥；候鳥在固定期間遷徙，諸如此類。牠們的生命週期依循很精準而規律的模式。然而與其說這些習慣代表僵化的儀式，不如說它們更依循著自然節奏的變化：在一年中時刻各異的日出日落、隨著月亮盈虧而亮度不同的夜晚，此外還有不斷變遷的天候和季節，這包括雨、風、炎熱、霧、暴風雨，對露宿在外的鳥類來說，生活完全不是「例行公事」！牠們必須不斷適應每個新的一天要面臨的事物——不論是好事還是壞事。

例如，值得一提的是，鳥不太喜歡風吹雨淋。你不會在刮風下雨的時候看見牠們在飛。這時牠們躲在樹木深處，隱藏在葉叢背後，彷彿想與世隔絕。養母雞的人很清楚這一點：下雨或下雪的日子，母雞連把嘴伸到雞舍外面都不肯，只是整天坐著不動，有時這樣持續好幾天；牠們萎靡不振、目光無神，巴望著這一切結束。但是只要稍微放晴：瞧呀，牠們全都跑到外面去東搔西抓，蹦蹦跳跳，盡情享受！

如果生活有時似乎單調乏味（就像大家常說的「捷運、工作、睡覺」），這是因為我們關在辦公室裡，面對電腦，看不到四季變換。然而光陰荏苒。大多數人類都已經演化成定居的狀態，我們長時間封閉在室內，這種生活使我們遠離每個日子、每個時刻帶來的驚喜。我們全神貫注盯著螢幕，損害視力，卻幾乎沒有透過窗戶看到早上一陣小小的驟雨。我們沒有感覺到風越來越強，也沒有察覺陽光溫柔地灑在皮膚上。「你那邊天氣怎麼樣？」遠方的家長透過電話問。我們幾乎沒注意到天氣，不禁頗為難堪地說：「唔，等一下，我從窗戶看看……嗯，天氣有點陰……」我們幾乎都還沒空享受春天……轉眼已經入秋了。一切都依照著每天一成不變的節奏，稍縱即逝，我們都沒看見草兒生長、花朵綻放、太陽下的葡萄飽含糖漿。燕子群聚在電線上，然後動身展開漫長遷徙，整個冬季都不見蹤影，對旅行樂此不疲——但我們是否目睹牠們消失在天際？我們有沒有發覺沒聽到牠們啁啾？沒有。還是我們只在明年春天來臨時注意到牠們歸來？想必也沒有吧。

然而露天工作、像動物一樣露天生活的人，則會注意到燕子來來去去。在灌木叢裡搜索的鶯或是鷦鷯亦然，牠們目睹自然界不時發生的點點滴滴。牠們體認到生活並不單調，一如仔細觀察雲並期待降雨的農人，以及林業工作者、水手、高山導遊，面對自然天候變化，必須懂得適應、改變計畫、做出預測，而當事情不盡如人意，有時也要發發牢騷。露天生活包含更多不可預期的事物。在每天都必須面對自然變化的情況下，構想一些小儀式甚至會令人心曠神怡。十一點喝杯咖啡令人精神一振，星期天晚上看部電影也是。壞習慣令人悶悶不樂，使生活枯燥乏味，還令我們封閉、無法自拔而且僵化；但其他習慣則大有幫助，促使我們更有組織地安排生活和分配時間。每年返回同樣地點築巢的鳥需要培養這種習慣，對喜歡重返創造美好回憶之處的人類來說也是如此。在已經很充實而充滿不可預期事物的生活中，習慣於是構成重心、指引的標誌以及判準。我們不會對富於冒險精神的人貼上喜歡宅在家裡的標籤，然而就連他們旅行時，都有例行的小儀式。

所以，如果我們只從鳥類身上學到一件事，那必然是：重新接觸大自然，活出充滿更多感觸和意外的生活！

那麼，如果恰是把更常觀察周圍世界加進我們的小慣例之中呢？把我們的感官、視覺、嗅覺、聽覺變得更敏銳，好讓我們不再對環境不聞不問，更清楚地覺察自己和環境的互動？注視鳥兒飛翔，花時間用心聆聽燕子啁啾、烏鶇猶如笛音的歌唱；夜裡醒來，欣賞渾圓美麗的偌大月亮從地平線升起，這個時候，灰林鴞以猶如貓頭鷹的神祕嗓音打破寂靜。一旦我們讓詩意進入生活之中，生活就不再單調。

鷦鷯 Eurasian Wren

橙頂灶鶯 Ovenbird

人類方向感如今何在？蒙古人、斑尾鷸和杜鵑鳥

二〇一六年六月，在地球上最偏僻而嚴峻的地方之一：蒙古戈壁沙漠深處一角，五個法國人和六個蒙古人一同探險。他們車上沒有全球定位系統（GPS），也無法使用手機，畢竟完全收不到訊號。而且也沒有地圖——地圖有什麼用呢？當地連路都沒有。能帶路的就是人類，也只剩下人類了。當然是由蒙古人帶領，他們藉由歐洲人絲毫無法辨識的山形、難以覺察的自然細節來定位。畢竟在這個廣袤無邊的地方，只有起伏的小丘陵、山峰的輪廓、砂礫覆蓋的浩瀚平原，以及蜿蜒分布在峽谷間的無數細小乾河床。一切看起來都雷同，西方人透過眼睛也無法記憶或界定任何能指引方向的東西。如果光靠我

們自己，早就迷路了。

某一天傍晚，我們發現一些前人留下、盤根錯節的小徑，蒙古探險隊長這時很有把握地指引司機該往哪裡走。眼見他這麼輕鬆地在沙漠來去自如，我們覺得很神奇，於是問他：「你上次來這裡是什麼時候？」探險隊長回答：「噢！那是二十年前了……」整卡車的人都啞口無言。儘管如此，我們一直都沒有迷路。我們穿過在鄰座夥伴眼中如出一轍的兩座山之間一條勉強算是路的途徑，接著抵達湖邊，然後在湖畔過夜。游牧的蒙古民族和世界其他幾個少數民族一樣，仍保有方向感的直覺，而且這種直覺就像在候鳥身上一樣根深蒂固。反觀我們這些貧乏的西方人，我們的方向感如今何在？

鳥和蒙古人一樣，也沒有指南針、GPS 或者地圖。但牠們卻也同時擁有這一切。

以斑尾鷸為例子。這種類似於杓鷸的小型涉禽生活在沿海沼澤、小港灣，並在春天遠赴北極築巢。借助於衛星標記，我們發現這種鳥能一次不間斷就飛越阿拉斯加和紐西蘭之間的距離，也就是一萬一千五百多公里……這代表以每小時七十公里的速度持續飛一整個星期！這種鳥的總重量不過兩百五十公克而已……而在這場一氣呵成的旅程中，斑尾鷸睡覺時只讓半個腦袋處於休眠狀態。讓我們想像一下這種睡覺方式：只有半顆腦袋沉睡，同時另一半腦袋則負責輕按智慧手機或者開車……

至於杜鵑鳥，旅行是牠們的天賦本能。這種鳥在別種鳥的巢裡誕生，沒有親生杜鵑親鳥照料。然後，牠在七月天的美好向晚飛往非洲，在先前毫無經驗之下徹夜飛行。牠如何飛抵未曾涉足的非洲赤道帶森林深處，而且待上半年，再返回出生地？這些鳥類具有並徹底發揮什麼我們所沒有——或者可能喪失了的感官作用？

我們和蒙古人以及候鳥相反，已經把方向感忘得一乾二淨。我們再也不知道如何解讀地景、星宿和自然。這些東西變成只是我們環境裡的沉默點綴。我們是盲目的觀看者，依照GPS發出的機械聲響指示而前進、後退。我們把帶路的要務交託給別人，或甚至更糟——委託給機器。如果我們被丟在大自然中——儘管只離家五十公里，不能問路或看地圖，我們會怎麼做呢？我們要四處迷走多久，才或許找到正確的路徑？如此一來，我們豈不是失去了旅行時最關鍵、能帶給我們真實能力的要素：定位方向、靠我們自己朝正確方向前進的根本技能？在生活中，我們這麼常感到有點迷失，也就不足為奇，畢竟我們已經無法好好為自己找到方向。我們自詡無所不知，掌控一切，然而在自然界——即便是經過「文明洗禮」的大自然，我們卻像幼鳥一般弱不禁風。

世界上還有一些像蒙古人一樣、能在沙漠或森林深處自行辨識方向的民族，但是數量愈來愈少。相較於斑尾鷸或者杜鵑鳥，我們的頭腦在導航方面無疑沒有那麼精進。算了。但我們還是能藉由觀察星星而前進，甚至也會藉由解析太陽的偏振光來導航。

我們是否真的喪失了這種根本的感官作用？在必要之下，人類是否能在幾天、幾個月、幾個世代裡，重新喚起這個久遠的直覺？如何找到答案呢？今天，我們為了享樂而旅行，除了在乎購買比較便宜的機票之外，沒有花心思了解「怎麼去」。我們征服了距離，連帶也征服了時間，卻因而折損了我們此後幾乎完全喪失的一種感官作用。

斑尾鷸在太平洋上空、在海天之間翱翔的這七天，腦中在想什麼呢？對牠來說，時間如何流逝？有朝一日，牠終止羈旅，從高空飛向低處，接近大地，於是開始看到高北極地區錯綜蜿蜒的沼澤與河流，那裡一切都大同小異。牠終於疲憊不堪地憩息，地點正是牠前一年築巢的地方。

我們今天移動的速度比黑尾鷸或燕鷗飛翔還快得多，但是有什麼實質的進步可言呢？

有誰能解釋杜鵑鳥和所有其他候鳥遷移的原因……該著眼的難道不是我們移動的「原因」或者「方式」？人類展開夏季「遷徙」之前，查遍旅遊指南、地圖、網路，然後，我們在旅途中備有無線電、GPS、路標，藉助這整套配備來確保不會誤入歧途。至於候鳥，牠們擁有的只有本身的決心、海洋、山陵以及羽翼下的整片景色、星星、太陽和月亮。而如果牠們安然無恙地度過整個旅程，則通常都會抵達目的地。

動物——特別是鳥類——的遷徙仍含有許多尚未解開的謎。可以確定的是：這種生物能全然發揮所長，將自身本領發揮淋漓盡致。游牧的蒙古人今天仍是如此。我們其他人種——西方人則再也不是這樣。逐漸喪失本能，這也是某種型態的退化——人類也不例外，而且連科技都無法加以彌補。

下次 GPS 故障的時候，想想鳥兒吧！

斑尾鷸 Bar-tailed Godwit，攝於丹麥

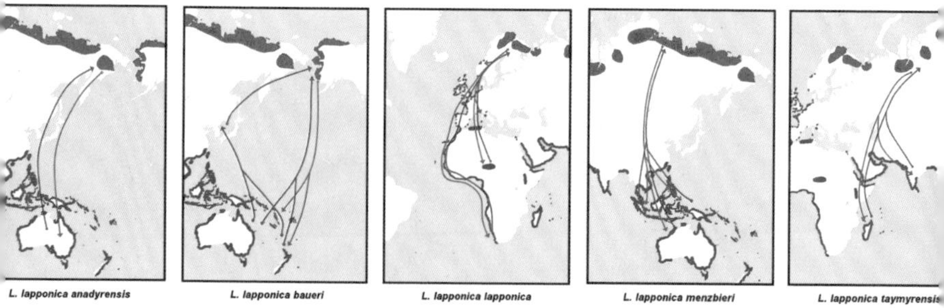

斑尾鷸從阿拉斯加穿越太平洋到紐西蘭的遷徙，是已知鳥類中最長的不間斷飛行，也是任何動物不停下來進食的最長旅程

栗翅鳳鵑 Chestnut-winged Cuckoo

扇尾杜鵑 Fan-tailed Cuckoo

家庭的眞諦：杜鵑鳥和鵝的倫理

我們理所當然地自認為懂得「家庭」的意義。但是家的定義並非如此單純。例如在鳥類的情形，家庭的概念就很廣，從杜鵑鳥到鵝以及鶴各有不同；杜鵑鳥甚至在小鳥還沒出生時就拋棄了牠，而鵝、鶴的家庭關係則在幼鳥會飛之後仍長久延續下去。

家庭究竟是什麼？是直接源於繁殖本能的產物，還是生物進化的結果？變形蟲並不會組成家庭。家庭單位的概念主要見於某些高等動物，尤其是哺乳動物和鳥，而各種動物家庭結構的複雜程度則各有不同。

人類家庭的定義實際上有點難以釐清，畢竟它和文化層面息息相關，而大家對家庭的定義也莫衷一是。有的人只認定全然傳統的家庭形態（一男、一女和小孩），有的人則接受各種不同的可能（單親家庭、重組家庭、同性家庭等），這引發了時而對立的無盡爭論。只接受很傳統式家庭的人往往訴諸「天性」或是「生物本能」來支撐他們的論點，但卻忽略了用天性來討論這個問題會流於浮泛。如果用天性界定家庭，家庭的定義會類似於個體彼此結合，藉此有效率地扶養小孩。就這樣而已。至於這些個體是誰並不重要，重點只在於孩子長大並且能自己獨立。

家庭是教養小孩的過程開展的地方。而妥善教養兒女，必須有關切體貼的父母，能夠陪伴、教導和保護孩子。這是理想的境界。現實世界裡，則有失職的父母，也有過於「袒護」子女的爸媽，還有缺席的父親、漠不關心的母親。鳥類世界也是如此！

在我們崇尚道德的人類眼中，杜鵑鳥是失職的爸媽。公鳥和母鳥只為了繁殖而結合，然後就分道揚鑣。母鳥竄入另一種鳥的巢產卵，完事之後就畏罪潛逃。接下來由被杜鵑鳥愚弄的養父母負責餵養異種的幼鳥，而幼鳥體型往往有牠們的四倍大，幼鳥還會事先把同一窩所有兄弟姊妹一一推出巢外，消滅牠們。儘管如此，被生養本能所驅使的養父母仍然堅忍善盡養育杜鵑幼鳥的職責。值得一提的是，除了杜鵑鳥的故事之外，鳥類界還存在許多收養的情形——不過是主動收養的，而同種或異種的鳥都會進行收養。人類可不是唯一會收養的生物！

在為數不少的鳥類的情形，鳥爸爸只負責繁殖。交配過後，牠就拋下母親孵卵和扶養小鳥。鴨子是這種運作模式的翹楚。而在某些小型涉禽的情況，則是雌鳥產卵過後旋即離去，而就如前文描述的，她留下雄鳥負責養家。最後，還有一些鳥堪稱猶太基督教社會的表率，這包括鶴、天鵝以及鵝，還有鸛鳥；在牠們的情況，父母一同負責孵蛋和扶養小鳥。然而在這幾種鳥之間，扶養幼鳥的方式也有細微的差異。

鸛鳥爸媽在小鸛鳥一單飛之後就拋下牠們，其他種類的鳥則不然——小鳥會在單飛之後，繼續待在親鳥身邊幾個星期。在群體關係極為緊密的鵝身上，這種情況還會延續更久。鵝的家庭裡，小鵝和親鵝的關係實際上會延續到小鵝墜世後的第一個冬季，在動物界算是很晚獨立的。對這些候鳥來說，較長的依賴期是必須的；如此一來，小鵝就能學著認識遷徙途徑和過冬的區域。親鵝和小鵝將在冬季漸行漸遠，而等到春暖花開之際，成鳥將離開幼鳥。

不過，鳥類也會群居生活！某些鳥類實際上是「集體」扶養幼鳥。成群而居的粉紅火鶴，各家爸媽會協力扶養小鳥：牠們在小鳥出生幾天後，與其他小鳥聚合，構築一個「育幼園」，這讓成鳥比較容易監護小鳥。家長們會來這裡餵養自家小鳥，牠們能從成群的幼鳥中認出自己的小孩。

由此可見，鳥類家庭型態多元，從單親家庭到群居都有！但鳥類親子關係的特殊之處在於，是由親鳥和幼鳥切斷關係，而且親鳥有時會粗暴地告誡幼鳥今後應該自力更生。心理斷奶經常發生在生理斷奶之後，而如果小鳥執拗反對，家長有時甚至會用有點激烈的方式強行斷奶。這是家禽飼養場常見的情況：被斷奶的小鳥如果繼續黏在母鳥身邊，母鳥就會直接用嘴啄牠，把牠趕開。

相較於鳥類，哺乳動物的小孩依靠爸媽的時期更長，然而沒有任何物種的小孩依靠雙親的時期像人類這麼長。在人類世界，小孩依賴父母的時期是否變得太長呢？青春期是父母和小孩針鋒相對的階段，也是在這個時候，人類家長覺得必須讓孩子「斷奶」，小孩則覺得必須學習自立。沒有任何鳥類會想餵食性徵已經成熟的大孩子，而人類父母對青春期小孩的惱怒想必也屬源自某種久遠的東西、根深蒂固的本能。然而一般都會勸人類父母對青春期的大孩子展現耐心，而這些大孩子如果想求學，則大多傾向於壓抑離家的渴望；在還要持續多年的自然單飛過程中，親子於是都必須克制和延宕，反觀之下，這種情形絕不會發生在動物界。畢竟人類社會錯綜複雜，孩子必須學會一切待人處事之道，這使單飛愈加困難。此外，值得注意的是：沒有任何動物會指望年老時由小孩照料！在壽命大約四十到五十歲的黑猩猩裡，小猩猩在五、六歲時脫離父母而獨立，牠生命中有百分之十到十五的時間依靠父母。在灰雁中，小鳥依靠親鳥的時期佔平均壽命的百分之六到八。至於智人，這個時期則大約佔一生的百分之二十五，有時還延長許多。

相較於自然界，人類家庭更伴隨著種種社會模式和教育準則，家庭於是變成複雜的社會建構，而且不再自然，並和心理以及環境的現實脫節。此外，家庭也是未來世代賴以養成的連結和重心，並延展到單純由親子構成的核心之外。它作為個體成年後的人生指標，因此也超越了原本的自然狀態。隨著時間過去，人類家庭和動物家庭產生明顯的分野。對鵝或鸛來說的某個生命階段、啟蒙的單純環節，對所有的人類社會來說，是重要的社群生活，由不可或缺的人際關係構成，並具有特定準則和禁忌。

燕子可沒有非得回家慶祝聖誕節不可！

白鸛 White Stork

鵝 Goose

粉紅火鶴 Pink Flamingo，攝於法國南部卡馬格地區

家燕 Barn Swallow

誰是眞正的勇者？老鷹和知更鳥

我們人類總愛用擬人化的眼光看待周遭生物。我們不論如何都要對花賦予花語。玫瑰代表這個意思、矢車菊代表那個意思。我們多愁善感地看待一切……而當我們把目光投向動物——特別是高等動物，就會以牠們作為某些姿態、行為或者態度的典型，而這一切不過是人類主觀詮釋的結果。

以威勢和強大的表徵——老鷹為例（也許可以把牠比喻成鳥中之「獅」）。無數國家或政黨選擇以牠作為象徵。無可否認，老鷹一如大部分猛禽，飛翔時英姿煥發，高空和障礙都不放在眼裡。黃色眼眸使牠的目光格外冷峻逼人——或許稱得上「勇猛」？多虧牠無與倫比的眼力（大家常說的「鷹眼」），牠從好幾百公尺的高空就能夠覺察底下的一舉一動。但唯有在牠閉口時，才顯得如此神奇：牠的嗓音大約和貧齒動物一般柔弱。此外，牠屬於省力一族，例如我們就不會看到牠像隼那樣，為捕捉獵物而狂暴衝刺。才不呢：比起以時速近三百公里的速度俯衝飛行，藉助空氣支撐而滑翔的風險更低。捕捉獵物時，牠不過是仗著牠的利器（駭人的喙和爪子），假裝很厲害而已。但是到了要捍衛領土的時候，牠可就不那麼英勇了。把老鷹形容成懦夫或許有點誇大，然而世上強者這麼常以牠作為旗幟的標誌，實在令人稱奇。如果當初是為了尋求一種好鬥的鳥來象徵真正的勇者，則知更鳥也是貼切的選項。因為牠就是那種表面上一副熱愛花草的模樣，實際上卻超級好鬥的類型。猶如毛茸茸圓球的知更鳥最討厭鄰近的鳥入侵牠的地盤——儘管牠自己樂於蹂躪別隻鳥的領土。愛鬥的牠透過歌唱來宣戰，然而音調卻優美哀淒。亟欲捍衛領土的牠，隨時準備好跟自己在窗戶或後視鏡映現的影像打架！顯然地，在旗幟或寶劍上呈現身長不過十四公分的知更鳥，氣勢無疑敵不過展翅幅度超過二公尺的威嚴老鷹。

談到英勇，也不妨看看法國的象徵——公雞。在家禽飼養場裡如果發生打鬥，公鵝在保衛母鵝和小鵝時是第一個衝上去啄傷敵人的；而在警覺方面，公雞和母雞也都比不上鵝：鵝可是不折不扣的警衛狗。公雞和鵝相反，公雞害怕的時候，會一邊發出撻伐的尖叫，一邊逃之夭夭，恰相對於牠在面對雞舍同儕時大搖大擺、自命不凡的模樣。然而，如果用鵝作為祖國象徵，等於選擇一種有點矮胖笨拙的鳥，以及標準的家庭生活——一男一女彼此結合，終生相隨。至於公雞，牠具有絢爛的羽衣、頗為傲慢的姿態，以及雌雞環繞的情聖唐璜（don Juan）放浪生涯，難怪公雞博取了法國人的認同！基督教世界以牠作為從黑夜到白晝、從黑暗到光明的象徵，但是牠的歌聲遠遠比不上像是烏鶇或鶇等其他在清晨鳴叫的鳥。總括來說，公雞當然是討喜的動物，而且並不比別種鳥類笨拙（恰恰相反！），但是因而就選牠作為象徵……公雞之所以獲選，古代羅馬人可能起了推波助瀾的作用。一切很可能源自用來指公雞的 gallus 和用來指高盧地區的 Gallia 這兩個詞的文字遊戲（順帶一提，高盧人除了用公雞入菜之外，和牠毫無瓜葛）。這不久後就淪為笑柄，最早的嘲諷上溯到塞內卡②。這位古人曾曰：「gallus in sterquilinio suo plurinum potest」，這可以翻譯成「公雞在肥堆稱王」，意思如同「煤炭工在家也能稱王（charbonnier est maitre chez lui）」，但這些話的意思後來顯然產生改變。這可能是法國人選擇唯一會雙腳踩在屎……裡唱歌的動物作為象徵的由來……

② Sénèque，古羅馬哲學家。

由此可見：人類從前偏好選擇具有攻擊性、愛出風頭或盛氣凌人的鳥種作為象徵。如果是由女性選擇鳥類象徵，或許會傾向選擇截然不同的物種？例如燕鷗，既優雅、愛好旅行，又彼此互助而且一同抵禦。

我們人類往往把力氣和勇氣、能耐與英勇混為一談，而且太過於重視表面。透過觀察鳥類，我們往往會發現：一些鳥儘管嬌小，仍能迎擊更龐大的動物，而且往往獲勝。小鳥鼓脹羽毛、振翅尖叫，也足以使更巨大的勁敵退避三舍。燕鷗對飛越鳥群上方、搜索幼鷗的海鷗窮追不捨，就是一個好例子。燕鷗毫不遲疑地從上方啄海鷗，而且猛烈驅逐。我們曾看到某些鳥類盤踞在翱翔的巨大食肉鳥背上，用銳利的小嘴啄後者的頭頂。而且，往往是羽色黯淡的鳥種在捍衛領土或幼鳥時顯得最為積極。例如，羽色斑爛的雄鳥就傾向於逃走或躲避，而不是正視危險。美麗的羽衣不等於堅固的鐵甲！可愛的小知更鳥生性驍勇，會對抗敵鳥、和貓對峙（呃，也不盡然……），把入侵者趕出自己的地盤。最小的貓頭鷹之一——縱紋腹小鴞也是如此，儘管牠體型矮小，仍會奮不顧身地攻擊捕食者。這些飛禽倚靠的不過是本身的無畏和果決。人類在選擇鳥類作為象徵時，是否仔細觀察過牠們呢？

白頭海鵰 Bald Eagle，美國的國鳥，也是美國國徽最中心的組成部分

虎頭海鵰 Steller's Sea Eagle，目前所知全世界平均最重的鷹，平均每隻重約 6.8 公斤

獵隼 Saker Falcon，匈牙利、阿拉伯聯合大公國、蒙古國的國鳥

高盧雄雞 Le Coq gaulois，法蘭西民族的擬物化形象

知更鳥 European Robin

歐歌鶇 Song Thrush，以希臘神話公主菲洛墨拉命名，菲洛墨拉的舌頭被割下但最後變成了一隻會唱歌的鳥

普通燕鷗 Common Tern

海鷗 Seagull

縱紋腹小鴞 Little Owl

縱紋腹小鴞在希臘神話中代表智慧女神雅典娜，是知識、智慧、敏銳和博學的象徵

愛的眞諦：斑鳩的溫柔

兩隻斑鳩棲息在電線上，時值春季，牠們樂此不疲地互舔羽毛，並在對方眼周和頭頂、沿著脖子溫柔地輕啄。繾綣柔情使牠們不禁閉上眼睛。牠們成雙成對，無比歡愉，在電線上一起曬日光浴，輕吻不止，緊緊依偎。似乎沒有任何事物會使牠們分心。牠們沉浸在愛河之中，幸福美滿。

牠們豈不就像世上所有的戀人？一如喬治・巴頌（法國詩人及創作歌手）頌唱的愛侶在戶外長椅上彼此輕吻，互相擁抱，目不轉睛地凝視對方，內心燃著熊熊愛火，心花怒放，沉浸在幸福之中，深信這一切將永誌不渝？

談到愛的時候，最常作為例子的動物往往是鳥。在愛情方面，兔子或是鱷魚的確不那麼浪漫。此外，人們不是常說：愛情讓人飛翔？婚禮上會呈現婚姻幸福的象徵——白鴿。愛侶身旁伴隨著夜鶯，這種鳥在夜幕低垂或微熱的夏季傍晚深情謳歌。被形容成「形影不離」的情侶鸚鵡的愛又是如何？這些愛侶水乳交融、深情款款，豈不令人想起相愛數十年後依舊恩愛的年邁夫妻，其中一個人過世後幾天，另一個人也相繼辭世？

愛到底是什麼呢？鳥類會不會像人類一樣，也會一見鍾情？牠們能不能建立緊密的友誼，而且彼此賞識，一如蒙田（Montaigne）談到拉・波埃西（La Boétie）時所說的：「因為是他，因為是我」？

如果有些種類的鳥比較傾向於獨善其身，其他種類的鳥則確實和身邊的鳥建立深刻的關係。例如灰雁的情形就是如此，在小雁誕生後的第一個年頭，牠們的伴侶和家庭關係始終緊密：親鳥會帶領小鳥進行生命中第一次遷徙。同樣地，帶著小雞的母雞已經成為母愛的表徵。

友情似乎也存在於鳥身上，因為某些鳥種幾乎無法離群索居，群居的文須雀即是如此。此外，一些被飼養的鳥類會對飼主極其友善，甚至和別種動物友好。由此可見，在完全不考慮生育之下，仍然可以建立友情和夥伴關係。愛的開端豈不就是建立關係？在兩者或多者之間建立關係，彼此互助，而且往往帶來歡樂。當關係後來因為某種原因而破裂，我們則黯然神傷。

自古以來，（廣義的）愛就是哲學家思索的問題，至今仍然引人尋思，畢竟對愛的定義仍然莫衷一是。真愛是什麼？大哉問！似乎有著各式各樣的依戀，包括戀人的愛、子女對父母的愛、手足之情、友情。而在某些鳥類身上，很可能涵蓋這些關係的絕大部分。牠們會陷入愛和性的激情，而彼此互舔羽毛或是照顧幼鳥的時候，也柔情似水。

鳥類可能不盡然擁有人類那般細膩微妙的愛情（同樣的道理，牠們相反地也不會經歷人類感受到的磨人怨恨），然而，當我們觀察一對斑鳩，牠們之間顯然流露出溫柔、尊重、身體吸引力、貼心、互助……當公雞發現可口的穀粒，牠會召喚母雞，得意洋洋地和她們分享小小的戰利品，就像戀人在早晨為女友獻上可頌。

鳥兒的行為豈不向我們揭示了愛是什麼？愛同時包含溫柔與尊重、吸引力、貼心、周到。一心想善待愛侶、不傷害或危害對方、想送他小禮物或者美食，而且設身處地為對方著想，盡可能幫助對方，並使對方生活更為舒適。而對人類來說，愛也是分享、溫柔、默契和開懷大笑。一般會說，真愛不是佔有，也不是激情。懷疑論者會說：但是在戀愛方面，鳥的這一切付出都是只為了繁殖。話是沒錯……但我們人類也是。戀人手肘下夾著可頌到來——他們總認為可口的早餐會讓兩人更加親密……而輕吻則有助於緩解緊張局面，就像斑鳩會互舔羽毛來緩和氣氛。雖然比起鳥，我們多少更意識到或更隱藏了生育的目的，而儘管愛侶在生育小孩之外還會創造其他事物，戀愛關係仍隱含了生育。因此就連最純潔脫俗的愛也都源自我們的動物性。所以呢？這有什麼關係？在我們的想像中，動物性帶有負面色彩，然而動物性也包含了斑鳩夫妻的細膩溫存、灰鶇之間的互相扶持。

　而且，在追尋愛情上，鳥類往往比我們更有技巧。引誘、大搖大擺……比起我們，這對牠們來說似乎更簡單：牠們很快就知道事情會不會開花結果，反觀我們人類，身上披著厚厚的衣服，使得我們再也無法解讀明顯的男性或女性吸引力特徵。人為了試著搞清楚「他喜不喜歡我」，會花上好幾個小時、好幾天、好幾個月，比較遲鈍的人可能會花上幾年。至於要知道對方喜不喜歡我……對我們人類來說，這件原本很單純的事變得極其複雜，有時甚至很惱人，而且往往令人不安。

我們不太知道怎麼依循本能和直覺去行動，或者對於決定和感受太過於理性思考。我們不敢行動，在不對的時機貿然行動，所做的又往往違背自己的心意。我們還會因為失敗而自尊受損，經歷背叛後發誓再也不去愛，或者為了搞清楚該由誰跨第一步而心煩意亂。人類太複雜，也太浮躁。烏鶇不會為了決定是否該對美麗的雌烏鶇引吭高歌而考慮三個鐘頭，而就是勇往直前。對方喜不喜歡再說，而如果不喜歡，雙方似乎都不會耿耿於懷。牠們既不鋪陳長期策略，也不會永無止盡地理性思考。鳥類肯定不會遲疑，或者只會稍稍遲疑一下。

關於愛，我們也許不妨從鳥的身上尋求啟發？

有些人就像樹蛙，會為了在天寒地凍的冬季冬眠而停止心跳。在遭到愛人背叛之後，他們不再去愛，而且再也不想建立親密關係，就因為害怕再次受傷。然而鳥類恰恰相反，牠們永遠都會為愛怦然心動。

而愛的真諦或許就是純粹彼此相愛，一如斑鳩：此時此刻，和愛人相守，而且絲毫不願置身他方。

夜鶯 Common Nightingale，夜鶯是少數會在夜間鳴唱的鳥類

情侶鸚鵡 Lovebird，情侶鸚鵡會與伴侶形影不離，相依相偎，
而且多會廝守終生

灰雁 Greylag Goose

文須雀 Bearded Reedling

文須雀

母雞 Hen，帶著小雞的母雞是母愛的表徵

母雞洗澡哲學，或盡情生活的藝術

觀察母雞時，我們會驚奇地發現，她們在經歷生活中的極樂時刻時，會發出類似呼嚕的聲音，聽起來甚至像是某種隆隆聲。母雞尤其會在洗泥巴澡的時候，因愉悅而發出這種輕聲低鳴。這個時刻對她相當重要：她可以藉此除去寄生蟲，並妥善呵護羽衣。對鳥來說，一襲美麗、密合而整潔的羽衣是不可或缺的，這攸關牠們的生存。觀看母雞洗泥巴澡，讓人領會到什麼是世上極樂的事情。

母雞開始沐浴時，首先會選擇一片疏鬆、滿是灰塵的土地，接著在上面打起滾來。她的羽毛亂成一團，讓人幾乎看不出是隻母雞：她的兩隻爪子、還有翅膀和頭都東倒西歪，搞得塵土飛揚。有些時候，成團的灰塵平息下來。這隻鳥眼睛半闔、睜開，然後再度閉上。樂不可支的她發出那種呼嚕聲。這持續許久——母雞把全部的時間都投入其中。曬得她暖洋洋的陽光似乎使她興味盎然。她又重新開始：翻來滾去，把頭埋到土裡，而且持續不斷扭動身子，使翅膀上的灰塵四處飛揚。另一隻母雞靠近觀看這個場面，自己也加入行列。她在某一刻過來躺在母雞姊妹淘身邊，兩隻雞就這樣待在那兒，彼此緊緊依偎，一動也不動，和土地親密地接觸。然後，第二隻母雞起身，為了追捕一隻飛蟲而一溜煙消失。第一隻母雞則繼續棲息在她挖的洞裡。

透過親眼凝視母雞洗澡，絕佳地總結了數個世紀以來的哲學論述：拉丁文「carpe diem」或中文「把握當下」。其宗旨在促使人們專注於「此刻」，亦即佛家建議人們活在「此時此刻」，也是心理學上建議的「活在生命中的每一天」。把往昔記憶拋諸腦後。遠離對未來的擔憂和指望。

就在此時此地，在鬆軟新鮮的土壤上、櫻桃樹的樹蔭下，樹上的青色果實初露雛形，母雞洗著澡、曬日光浴。就在此時此地，母雞樂得咕嚕咕嚕叫。

這是擬人化？

不是。在我們面前的母雞和我們並無二致。構成她身體的原子或她感覺到的感受，都和人類一樣。的確，她看世界的方式和我們不同——她畢竟是母雞。她的感官敏銳度與我們人類不同。在我們還沒看到鄰家的貓時，她早就比幽靈還靜悄悄地窺伺著牠。我們才剛發現這隻公貓經過，她就在貓靠近時發出叫聲。母雞和我們是兩種不同的物種，但我們全都同樣是活的生物，都類似地樂於感受曬在身上的陽光，還有洗澡——她在土地上，我們在泡泡浴缸裡。

我們應該從母雞洗澡汲取省思。我們為什麼不也這樣盡情洗澡呢？我們身上沒有羽毛，清潔時自然不必那麼大費周章。但還是可以用心一點。

我們被必須做的事、從前和將來的憂慮綁住，而且趕時間——總是很趕，於是很少在洗澡時真的感到樂在其中。反觀母雞，她則不會在緊張的時候洗澡。不，緊張的母雞不會愉悅地沐浴，而是身子僵硬、毫不出聲，或者驚慌大叫。回到我們人類自身，即使有心事、緊繃的時候，都還是會洗澡。如此一來，如何做到用母雞那種方式品味當下呢？

母雞教我們此刻的幸福。「咕？」她邊走邊叫著，「咕？」她蹦蹦跳跳，接著忽然追趕一隻白蝴蝶：為時已晚，這隻昆蟲飛得太高、太快了。母雞可不會困坐愁城，而是早就轉移目標。她抓呀抓，背後揚起團團灰塵。然後她啄啄、看看——她這樣在土裡找到什麼呢？土裡住著什麼我們沒看見的未知小族群，讓她樂在其中？母雞很積極：她有時認真、有時慵懶，到處尋覓、抓抓搔搔、走走跳跳。但她也懂得在樹蔭下愜意休憩上好幾小時。她活在當下。母雞告訴我們：把握當下。

母雞在洗泥巴澡的時候因愉悅而發出呼嚕聲，這個時刻對她相當重要

母雞曬日光浴

如何使世界更美好？天堂鳥之舞

某一天，一位正經八百的女士在很嚴肅的廣播電台談論藝術，認為藝術是人類特有的。根據她的說法，任何其他形式的「動物」藝術都算不上「創作」，而只是透過人的眼光對某個美好——純粹就是好看——的東西所做的詮釋，這種美並非透過思考的產物。

實際上，長尾山雀築巢時，會用一團團漂亮的羽毛、貓柳、細枝以及青苔碎片，引來許多人類的崇拜目光；人們入神觀看，猶如觀賞藝術品一般。這兩隻成鳥築這座巢，是為了讓未來後代棲居，而不是為了讓我們欣賞。但如果我們人類覺得這座巢很美，就更錦上添花了。不過我們忽略了：牠們——小長尾山雀——到底怎麼篩選鳥巢。誰說母長尾山雀不會盡可能選擇最漂亮的巢？誰說美不是她們的篩選標準之一？

還有更棒的——園丁鳥。棲居在澳洲的這些鳥種被視為裝飾鳥巢的藝術大師。以緞藍園丁鳥為例：公鳥身披夜空藍色的羽衣，對牠來說，藍色就是美的極致。這是因為牠具有藍色的羽毛？不得而知。牠就像所有的園丁鳥，也構築極為精緻的巢，這是透過交織細枝和草而形成的某種「搖籃」（這種鳥因此又名「搖籃鳥」），擺在森林裡的小空地上。我們這隻公鳥為了讓巢更吸引母鳥的目光，會用某種「藍色」顏料為它上色。公鳥用唾液混合紫色、藍色或黑色的莓果，加入森林大火產生的木炭，調製出這種顏料。牠用一小塊樹皮把顏料漆在巢的內壁。牠還用……藍色的東西點綴巢的邊緣。塑膠瓶蓋、原子筆、打火機、各種塑膠碎片，只要是藍色的東西都一律採用。牠也運用小石頭，而且還精心把大石頭放在小石頭前面。這造成某種視覺錯覺：如此一來，母鳥從她的巢看到這條鋪石子的小徑時，看上去便比實際上更大。如果這一切不算是藝術和創作（以引誘為目的），算是什麼呢？此外，何必費上好幾個小時裝飾原本不是藍色的巢，讓它變得賞心悅目？

的確，廣播上的那位女士告訴我們：但所有這一切都沒有經過思考。或許如此，但是難道人類創造的所有作品必然都經過思索？讓藝術鑑賞家入迷的藝術作品，有時即源自藝術家不假思索的創意泉湧，連藝術家本身有時都會對自己在靈光乍現之下創造的作品感到驚異。而即使鳥類不會是像人類一樣深思熟慮的藝術家，牠們不也用自己的方式創造藝術、締造美？

此外，對人類來說，藝術的目的是什麼？其中不也帶有某種取悅他人的想望？男性或女性音樂家、畫家、詩人經常在他們盼望吸引的繆斯的啟發之下譜曲、畫畫或書寫。我們人類的創作方式與大自然、自身的獸性衝動有這麼脫節嗎？根據佛洛伊德，藝術不正是關連到欲力（libido）？

鳥類崇尚美麗的羽毛、動聽的歌聲、精美的巢，因此仍然比蟲子更具有藝術氣息一點。對許多鳥來說，美似乎是重要甚至根本的驅動力。牠們的選擇往往以「美」為指標，這有時更甚於純粹實用面的考量——儘管這是物競天擇的演化結果。孔雀的尾巴雖然絢麗耀眼，但還是太沉重——這一點都不方便。不論我們喜不喜歡，但雌孔雀就是純然從美的標準來篩選雄性伴侶。雄鳥大可透過絢麗以外的方式來彰顯氣概，如果鳥類不具美感，牠們為什麼如此爭奇鬥妍呢？

再舉一個例子：瞧瞧這些美妙的天堂鳥（又名「極樂鳥」）。公鳥在為求偶而展開炫耀時，跳出的令人驚艷的舞式，絕對連歌劇院的明星舞者都難以模仿。除此之外，公鳥的羽毛色調和形狀也令人讚嘆。羽毛的圖案、色調搭配都讓人覺得是臻致巔峰的藝術。鳥類顯然並未「創造」這些不可思議的配色方式。儘管……人們說這全都是演化、物競天擇的結果。經過幾千年，留下了能在三十幾公尺高的樹梢跳這種舞而且保持平衡的敏捷鳥種，或者擁有最長或色彩最繽紛的羽毛的鳥類——這是可以想像的。這一切並非透過有意識的意願所驅使。但是男伴透過羽毛和炫耀來引誘母鳥的能力左右了鳥類繁殖（因此攸關物種的存續）。

這種「原生藝術」後來則被人類所用……幾千年來，新幾內亞的巴布亞人在儀式和節慶運用這些天堂鳥的羽毛。而在某些部落，男人還用這種羽毛裝扮，來引誘伴侶！

鳥類不僅具有羽衣的藝術，還擁有歌唱的藝術。鳥無疑是出色的音樂家。那麼，這些音樂家對自己的藝術有沒有自覺呢？只要在春天到森林裡走走，就可以找到答案的提示。當兩隻同種的雄性鳴禽彼此距離很近，我們會清楚聽到牠們比賽唱歌，看誰唱的大聲或者比較變化多端。歐歌鶇就是最好的例子。一隻公鳥獨唱，歌聲優美，雖然音色多變，但仍略嫌老套。當出現了另一隻公鳥，第一隻公鳥於是會加入新的樂句，讓曲目更為豐富，引吭高歌一番。此外，在好幾種鳥類的情形，都是歌喉最佳的鳥率先吸引雌鳥。為求偶而唱的藝術……

廣播電台上的那位女士也許會議論說，這些歌唱即使再美，仍都只不過是重複從父母那裡學來或者與生俱來的曲調。這有待商榷……以歐洲椋鳥為例子，的確，牠絕對算不上有才華的歌手。這種鳥唱出的聲音算不上是旋律，但比較接近零碎的嘰嘰喳喳聲，甚至尖銳的咕噥聲。儘管如此，牠仍然毫不猶豫地「美化」自己的歌聲，因為一如所有或幾乎全部的鳥類，公鳥都透過歌唱來宣告領土以及引誘雌鳥。於是，牠為了進一步取悅雌鳥，並向她展現自己是個大音樂家，會把從周遭聽到的噪音或聲響融入歌唱。因此，我們有時會聽到似乎從空中的電視天線或者樹枝傳來汽車喇叭聲，或者手機電話鈴響。我們皺起眉頭，滿腹疑惑地抬頭仰望，才發現是一隻別具創意的雄性歐洲椋鳥在引吭高歌！

此外，談到藝術，難道只關係到藝術創作？藝術不也單純就是喜歡美的事物？鳥就像很多動物（甚至植物似乎也是如此！），也會欣賞例如人類的音樂。並非只有人才會覺得動聽的旋律很悅耳。

隨著關於動物的科學研究愈加進步，人類發現動物比我們原先以為的更聰明和敏感，而且具有更強的移情作用。既然如此，為何否認牠們可能具有藝術天賦和審美能力？

我們人類的藝術最初是基於欣賞一切美的事物、結合聲音、節奏以及組合顏色和材料的能力而精進，而鳥類身上也具有這種能力。要做藝術家，首先必須會敏銳觀察周遭的事物、注意葉子飄動或雲朵飄移所蘊含的詩意，然後能將這樣的美和它觸動的情感完全轉化表達出來。動物不知道如何將這些感覺轉化成其他形式並加以表達，但我們怎麼知道牠們在溫暖的春日，面對開滿花朵的樹時，是否也同樣滿心歡喜？我們如何確定就因為牠們是動物，因此就對這些事物毫無感受？所有人類體察世界的迷人之處並加以轉化表達的能力並非都一樣。我們之中一些人的藝術觸角較不敏銳，有時甚至無法了解別人怎麼會畫畫、演奏音樂。而藝術家有時也覺得人們不瞭解他們的藝術覺察和表達方式。那麼，我們有什麼立場，去知道鳥的腦中確切在想些什麼——而這些鳥一心一意盡可能構築最美的藍色鳥巢？而當公鳥費盡精力築起自認為巧奪天工的巢，但雌鳥卻嗤之以鼻，我們知道公鳥做何感想嗎？

同樣地，藝術家常說，如果人們阻擋他們表達藝術，他們就會鬱鬱寡歡。所以，對藝術的需求不也包含某種與生俱來、很直覺和天生的東西？

我們一而再、再而三地聽到人們斬釘截鐵而且有點苦惱地斷言：

「噢，不論如何，我呀，我可不是藝術家！」真的嗎？難道我們不都在各自的領域裡別具創意？我們豈不都能夠感知美的形式？有時因為我們在兒時遭受挫折，有時由於周遭的人對藝術創作活動投以負面的眼光，導致我們經常自我設限。但是我們不會由於不會畫圖，就無法創作陶瓷、演奏音樂，或者烹調充滿詩意的佳餚。我們肯定全都具有某種和自己呼應的藝術、呼之欲出的某種形式的創意，只是我們尚未嘗試加以表達。然而，我們顯然就像鳥，都能讓世界更美好。

長尾山雀 Long-tailed Tit

長尾山雀築巢時，會用一團團漂亮的羽毛、貓柳、細枝以及青苔碎片引來許多人類的崇拜目光

緞藍園丁鳥 Satin Bowerbird，公鳥為了讓巢更吸引母鳥的目光，會用藍色的物品點綴巢的周邊

公孔雀 Peacock

紅天堂鳥 Red Bird-of-paradise

歐洲椋鳥 Common Starling，這種鳥唱出的聲音算不上是旋律，比較接近零碎的嘰嘰喳喳聲，甚至尖銳的咕噥聲

如何活出自由？爲鳥打開籠子

是否應該像皮耶・裴瑞（Pierre Perret）唱的歌所描述的，為鳥打開籠子呢？雖然危險但自由的生活、安全但受限的生活，哪一種比較好？必須付出代價才能享有的自由、一座金碧輝煌的監牢，何者比較好呢？

這個金絲雀故事為人熟知：人們把牠從籠子裡放出來，牠興奮忘我地飛走，但是不久後，仍在不知所措之下飛回籠中，重返熟悉的小天地。任何曾經把住在層疊籠的母雞放生的人也知道這樣的故事。這隻可憐的牲畜至今始終住在狹小的籠子裡，連轉個身都很困難，被放生的她處於驚嚇狀態。她起先在僅僅幾平方公尺的範圍移動，沿著牆走，而且不會超過乾草堆。她得經過幾個星期才敢開始冒險，漸漸愈走愈遠，並重新能夠自在地活動。

然而，斷言某些鳥類比較喜歡住在籠子裡，也略嫌言過其實。牠們純粹是極度受限，於是突然過於自由反而令牠們驚惶。牠們擔心自身安全，在發現生疏的環境時顫抖。但我們的情形不也是如此？找一個只住過低房租住宅區的小孩或甚至大人，然後突然把他放逐到森林裡。你難道不認為他會飛奔回來，懇求人們帶他回家？從象徵的觀點來看也是一樣。生命中極度自由的時刻可能令一些人害怕，例如假期或進入退休生活有時很不好受。這時突然毫無限制，也沒有人提供基準或方向。該用所有這些時間做什麼？人並不總是渴望能夠「自由」。從社會和個體的層面來說，真正的自由往往都令人焦慮。在人們渴望自由超越任何事物的同時，也因自由而憂心。

我們感受不到候鳥對蒼穹懷抱的那種渴望。這些鳥足以直入雲霄、衝刺、旅行、抵達難以企及的地點，於是成為最有力的自由表徵之一。此外，別忘了在歷史上，人直到很後來才能——藉由機器——飛翔。人類長久以來抬頭凝望鳥類，無法企及牠們那樣的高度。自認為如此優越的人類卻無法在鳥的領空和牠們較勁，這不免有失顏面。人類始終欣羨鳥類這種能夠享有移動自由的能耐。人類最終仍然成功地征服了天空，但過程中經歷了多少苦難呀！

我們難以領會自己的自由，也難以接納別人的自由。今天的小孩被關懷的程度遠超過幼鳥！親鳥讓小鳥自發向上，鼓勵牠們自己飛翔。在二十一世紀，我們卻幾乎再也沒看到小孩在街上奔跑和玩耍。因為大人憂慮他們遇到事故，於是持續加以管束。伴侶生活也是如此。另一半的自由往往讓人害怕，不論這種自由的形式是什麼。家庭的情況更嚴重。這是規範和評判的地方：必須與群體一致。如果其中一個成員擅自特立獨行，他往往會被指正要遵守秩序——或者被邊緣化。然而，我們越是嚴密控管別人，對方就越有可能逃走，像是被過度約束的青少年激烈反抗父母、被善妒丈夫控制的女人最後逃家，家庭關係破裂。

透過深入觀察鳥類生活，我們發現一旦讓母雞或者鴿子完全自由，牠們並不會離雞舍或者鴿舍太遠。而在壞天氣或者牠們察覺危險的時候，則會隱庇其中，藉此確保具有安全的棲身之所、始終不虞匱乏的水和糧食，還可以愜意地生活，自在地活動。

人類的情況也是如此。自由不必然令人驚慌而逃。如果自己的家很舒服，我們總是會回去。留住或者保護一個人的最佳方式，無疑就是讓巢總是溫馨舒適，對方就會自己歸返。我們需要的或許就是——和諧的平衡；讓居家的好處和自由的優點相輔相成。

金絲雀 Canary

紅金絲雀 Red Canary

爲何不貞？林岩鷚的奇特生活

對鳥來說，園子的籬笆是某種地標。牠們在冬天成群棲息在上面，然後飛到鄰近的餵鳥器去進食。牠們為爭奪食糧而發出尖叫聲。但是當這些小棕鳥在地上不動聲色地漫步，我們則幾乎完全不會注意到牠們。我們稱這種鳥為籬雀，因為牠們在籬笆底下悄悄跳躍。稱牠們「穿牆鳥」也很適合，畢竟牠們的羽衣黯淡無光：表層羽毛呈棕色，底層羽毛則是黯淡的藍灰色，於是天衣無縫地融合到周遭環境中，唯獨尖銳而有點顫抖的細小吱鳴聲洩露出牠們的行蹤，而且這種叫聲還必須透過鳥類專家的聽覺才能辨別。簡單地說，林岩鷚——也就是這裡談到的鳥，就是標準的平凡鳥類。不論是牠的羽衣或歌聲，都絲毫不會引起人類一絲好奇。

讓我們停止以貌取鳥……因為在牠的棕色羽衣底下，這個花園裡的偽君子其實過著放蕩的生活。實際上——而且恰和把鳥視為忠貞伴侶的古老信念相反，林岩鷚可是力行多配偶制和一雌多雄制。的確，形式上確實是一隻公鳥和一隻雌鳥共同築巢，並且扶養牠們的幼鳥。此外，一直到最新進的研究，都仍將林岩鷚視為忠於配偶的模範……但這只是表相而已！實際狀況則略有不同。公鳥和雌鳥都極度放蕩。公鳥儘管有「固定」的伴侶，仍然會和任何經過他的領土而且有意願的雌鳥交配。至於雌鳥也一樣。雌林岩鷚不會抗拒和籬笆另一邊的鄰家公鳥交尾。而且，她甚至還會撩撥對方。簡單地說，一齣輕歌舞劇正在你家花園裡上演……

所以，人類沒有發明什麼新東西。而只要翻閱生物多樣性的書，就會看到動物界的所有層級裡，都包含了整套的放蕩性行為，足以讓最輕挑的智人都臉紅心跳。智人比動物更容易用道德來掩飾，動物則不會對自己的行為遮遮掩掩。但是咱們的林岩鷚除外，牠平庸的外表下其實隱藏著放蕩的行徑。沒有炫目羽衣，也沒有出色歌聲的林岩鷚，妥善隱藏了牠的伎倆……就像許多看起來很平常的男男女女原來竟然樂於過著自由開放的性生活。

而林岩鷚的性史帶來的發現還不僅止於此。研究還指出，糧食來源充足時，雌鳥會集中在一小塊領土上（不必到太遠的地方去找吃的……）。在雜交的天性驅使之下，公鳥於是有許多雌鳥可以選擇，由此也提高繁殖的成功率。相反地，在糧食短缺的期間，就必須擴張領土，以尋覓食物：雌鳥於是飛越更漫長的距離，藉此增加遇到公鳥的機會。一般來說，雌鳥會限於和兩隻公鳥繁殖，其中稱為「領頭（alpha）公鳥」的比較具有雄性氣概。而既然自然世界的一切都有其規律，當糧食來源和領土處於平衡，林岩鷚則會選擇「傳統」而單一配偶的生活……不忠貞是否往往是某種些微失衡的徵兆？

儘管如此，這些爪子朝天的性事仍具有特定目的。實際上，公林岩鷚在和路經的雌林岩鷚交配之前，會去刺她的泄殖腔（作為鳴禽目鳥類的性器官）。這種奇特的前戲必然也讓雌鳥很不舒服……但是雌鳥會因為肛門受到這樣猛烈的刺痛而體內收縮，於是將前一個伴侶的精子排出體外！公鳥如此清除了情敵的精液之後，現在可以和雌鳥交配，並把自己的精液射入伴侶體內。這豈不是確保傳宗接代的最佳方式？這種奇特的做法尤其出現在「領頭」公鳥身上，牠們不僅生下最健壯的小鳥，而且還格外留心照料後代——這有助於延長牠們的平均壽命。精挑細選果然成效卓著。

故事就這樣結束？

那可不！最終決定權在雌鳥身上。實際上，她會保留先前交配的一部分精子，瞞騙伴侶，讓牠誤以為自己是唯一被選上的，藉此保存先前交配留下的遺傳物質，然後和各個不同的雄性伴侶生下幾窩小鳥。這是物競天擇的絕佳例子。

林岩鷚這種稱為「一雌多雄」的做法因而有其目的：這是為了確保繁衍大量後代，以及高度的遺傳多樣性。在全歐洲，從斯堪地那維亞到非洲北部都可以見到這種鳥的蹤跡，也就不足為奇了。

那麼我們人類呢——我們採用的是一對多的模式嗎？某些男性和女性過著放浪自由的性生活，他們確實接近這種模式。但是所能做的比較到此為止。然而，一些科學家發表假設，認為人類的陽具形狀可能具有某種明確的功能：陰莖在陰部反覆來回動作時，它的頂端可以促使可能殘留的情敵精子排出體外……不論這個思路是否屬實，人類總是費盡心力施加種種心理壓力，而這些終歸都是為了「刺痛（女人的）屁股」，換句話說，也就是防止其他男人對她們授精。這些做法包括對女人的性慾施加過度的道德約束、社會壓力，還有為小女孩虛構珍愛的（獨一無二的）白馬王子。別忘了還有那可怕的貞操帶，或者在其他文化，不貞的女人甚至會遭到割除性器官！真是名副其實的刺屁股……

總結來說：所以，讓我們屏棄這種老舊的信念，認為大部分的鳥都應該終生廝守，作為最浪漫的單一配偶制的大使。當然，的確存在像是母鵝、天鵝、某些種類的食肉鳥……但是除此之外，實際情況則涵蓋許多細微的差別，而在單一配偶制和多配偶制之間，實際上可以看到一切可能的中間狀態。這也視情況、環境、能找到的伴侶、食糧資源等等而定。簡單地說，鳥會去適應。尚待了解的是，牠們發現伴侶出軌時，會感到憤怒還是傷心、牠們會不會因而鬥嘴或者發生肢體衝突呢？

在人類身上——包括那些追求自認為比較開放的性生活的人，對完美愛情的夢想往往稍微將事情複雜化。此外，自由不一定就是擁有很多伴侶：即使專一，仍能感到自由。人類性愛在各種不同可能的理想和現實之間拉扯，而不論選擇哪一種性愛方式，往往都涉及放棄某個東西。有些人的性生活像天鵝那般，其他人的性生活則像林岩鷚，而在這兩者之間，還存在各種可能的、差異細微的狀態。為了避免造成過多的誤解，最重要的是找到和自己同類的鳥伴！

林岩鷚 Dunnock

林岩鷚

好奇心真糟糕？大膽的知更鳥

鳥從誕生到死亡，一生都充滿冒險。從飛翔、進食、繁殖到扶養小鳥，一切都帶有風險。然而，如果不冒險，就不可能存活。某些種類的鳥於是透過好奇心而開闢新的探索領域、豐富的糧食來源，和築巢或歇息的理想地點。唯有透過嘗試，才能成功。在動物界，好奇是一種有效的適應方式而且往往別具用意；在許多情形中，好奇更是求生的工具，在鳥類身上尤其如此。

那麼，就以園丁熟知的知更鳥為例。在西歐國家，這種鳥顯得格外大膽，不僅毫不遲疑地棲息在椅子、鏟子或者任何其他人造物品上，而且還會靠近人類，近到只相距短短幾公分的距離，並尾隨工作中的人。牠歪著頭，仔細審視，一動也不動，彷彿興味盎然而好奇地注視著人們。一旦人類用耙子從土裡翻出一隻小蟲，知更鳥便立刻衝過去把牠吃掉。牠接著等待下一隻蟲子出現，整個橘紅色喉嚨大開，看起來絲毫不怕正在工作的巨大人類。牠的俗名「放肆的紅喉嚨」形容得再貼切不過了。

知更鳥原本生長在林間，遠離人類而生活。牠向來以跟隨正在吃草或翻土的哺乳動物、鹿或者野豬而為人熟知。牠有時簡直是「待在〔動物的〕蹄子」裡，總是歪著頭，用目光四處探視。牠就這樣一路上蹦蹦跳跳地尾隨動物。就像在園子裡的情況，牠這時也在尋覓被動物的鼻尖或蹄所攪擾的小蟲。

這種鳥當然生長在林間，但往往可以在樹林邊緣發現牠們的蹤跡，也就是向來都和人類的居住區域相距不遠。隨著時間過去，牠逐漸接近人類，更直到後來跟隨他們到園子裡。高度好奇的知更鳥，牠有點投機的行為在英國達到極致，而且屬於當地集體神話的一部分（例如經常出現在耶誕賀卡上）。英國人在冬季餵鳥的習慣，很可能促使知更鳥鬆懈了保留遲疑的態度。但是如此一來，牠卻也淪落為貓的主要獵物之一……

在例如某些南歐國家，人們會違法獵捕知更鳥，而在例如某些東歐國家，這種鳥主要仍棲居在森林裡。在這些國家，知更鳥顯然不會這麼輕率，而是維持了膽怯的性格。

知更鳥培養出的這種好奇，可能讓牠擴大覓食的區域，還能佔據新的地方，特別是適應都市公園的環境。就如大家所知，冬季的都市公園不會像在曠野那麼嚴寒。如此一來，城市的知更鳥在寒冬存活的機率將高過森林裡的知更鳥。

某些鳥類會在好奇心驅使之下變得極為放肆。我們腦海裡浮現這些畫面：巴黎的麻雀、倫敦的山雀，還有在美國的大型自然公園裡的松鴉，牠們飛到人類手中啄食。這些鳥雖然仍然完全是野生的，但已經對人類毫不畏懼。牠們觀察我們在長椅上或野餐區吃午餐，並在我們離開之後，飛過來啄食掉在地上的麵包屑。漸漸地，甚至當我們還沒離開時，牠們就會大膽現身。假以時日，有的鳥最後會接收人們給牠的麵包屑，之後更會直接飛到桌上、飛到人的手中來啄食。

冒險有時也是為了維繫生存。為數不少的鳥類在面對可能的掠食者時，都以這種方式反應，使對方逃之夭夭。一隻鳥會接近掠食者，然後發出警告的叫聲。這於是引來一批同類的鳥夥伴，牠們也發出同樣的鳴叫。為數眾多的鳥和牠們的叫聲於是讓掠食者落荒而逃。我們有時會驚奇地看到一些鳥飛向我們，牠們似乎對我們是誰感到疑惑，接著立刻朝著樹林或沼澤深處飛去。牠們的好奇也許是測試人類的方式，目的是確定我們是否仍然可能會獵捕牠們。如果我們人類向來善待各種動物，人與動物必然會情同手足，維繫更親近的關係。此外，在馬德拉的德賽塔群島上有一種小型鳥——伯塞氏鷚，牠們從未被人類獵捕，於是對人絲毫沒有畏懼之心：牠們為了啄食麵包屑旋即飛來，停在人類的鞋子、膝蓋上，到處投射好奇的目光。

因此，好奇並不「糟糕」。它是自然的行為，讓動物能在最壞的狀況下避免……每況愈下。而在最好的情形，發揮好奇心的動物則能從中獲益。在使每個物種進化到敢趨近我們人類的整套本領中，這是一項強而有力的工具、天賦本能。在人類身上也是如此：我們施展好奇心，這驅動我們創造；好奇心驅使我們探索新大陸，遠至登陸月球，還促使我們發現醫治人類疾病的解藥。歸根結柢：好奇心位居助長物種進化的一切能耐的核心。下次知更鳥棲息在木頭柱子上窺視我們時，不妨這麼想……

松鴉 Jay Bird

伯塞氏鷚 Berthelot's Pipit，攝於馬德拉群島

旅行的理由：北極燕鷗和遠洋的召喚

候鳥是旅行的表徵。什麼樣的動力驅使牠們在和煦的早晨，如此飛向新的界域，直到幾個月後才歸返？

看牠們飛越！這些野生的鳥。
牠們隨風翱翔，飛越山陵，
以及林間、大海和風，遠離牢籠。
牠們吸入的空氣讓牠們舒展胸臆。

這就是喬治・巴頌所唱、由詩人尚・希區潘（Jean Richepin）針對候鳥所寫的歌詞。

我們的確難以和這些自由而且癡迷的旅者並駕齊驅——牠們飛得比我們所能想像的還遠。就以北極燕鷗為例，從牠的的名稱即可看出，牠們在高北極地區築巢，這個區域涵蓋的範圍從西伯利亞橫跨北歐地區，遠達北美地區。牠在夏季尾聲離開繁殖地，飛向南極和亞南極地區的海洋，在那裡展開冬季的漫長羈旅。去程和回程各一萬兩千公里，加上半年的漫遊，總計一年飛越長達九萬公里的距離。因此，一隻壽命二十年的鳥足以飛越超過地球和月亮之間四倍的距離。

人們說北極燕鷗看到白晝和太陽的時間最久。北極夏季處於永晝，而地球另一端的夏季也是如此。在整個世界上，這種鳥只見過蔚藍的海洋以及遠處的白色海岸。牠在北半球的夏季駐足於凍原，在綠色植物和繽紛花朵之間小憩，但只在那裡流連幾個星期。

無止盡的漫漫長假？這永不歇息的旅者逐光而飛。

可是，北極燕鷗究竟為什麼旅行呢？牠其實大可以停歇在溫帶的歐洲沿岸，甚至將鳥喙探入西非海岸。但並非如此——牠飛越赤道，然後繼續飛行，抵達咆嘯四十度的區域。牠接著在南極地區漫遊，最後再朝著北方飛去。

這是任何物種所能經歷最遙遠的旅程，背後的確切原因仍有待商榷。然而，晚近的研究顯示，燕鷗似乎因為大量營養豐富的浮游生物而選擇了這個區域。剩下的或許就是幾千年的物種演進使然。

知道北極燕鷗每年冬天飛得如此遙遠的理由真的這麼重要嗎？畢竟，我們人類也在特定季節遷徙——我們會「渡假」！比較幸運的人，每年至少渡假兩次。是什麼驅使我們離開平時居住的地方？樂在一個不同的環境、探索其他的海岸和不同的天地。為了沉浸在另一個地方以及異於自身的另一種文化。接觸一點陌生的事物。忘卻日常的一切，終止單調的日復一日。這些就是觸動我們啟程的動機。

就像鳥類的情形，人類之中也有執迷的旅人和定居者。有聽到遠洋召喚的人，也有很宅的人。有尚．希區潘筆下描繪的「渴望藍天」，也有不想遠離舒適圈的。灰林鴞絲毫不想離開森林出生地。雨燕或是燕子一旦飛離鳥巢，一心迫不及待想做的就只有一件事：出發。

和父母旅行的時候睜大眼睛、認真觀察周遭一切的小孩，長大之後很有可能熱愛旅行。隨著他發現越多事物，就更想再繼續探索。他會想邁步走過地球上無數偏遠之地、全然不可思議的地方；他翻閱地圖集時看到的這些地方，使他滿心嚮往。他想像不到自己會踏上敘利亞的荒漠，以及高加索地區窪地周圍、韓國諸島或者巴西叢林……

關於人和鳥在旅行方面的共通點，存在這樣一句諺語：「旅行使年輕人成長。」北極燕鷗的幼鳥會在生平第一次旅行中學習變為成鳥時的飛翔路徑。對小孩來說，翻閱地圖集、看關於遙遠國度的紀錄片、和父母在假期旅遊也是旅行的啟蒙儀式。

每趟旅行都使我們有所改變。它使我們用不同的眼光看世界。它讓人不再自我中心、排斥異己、對他人抱持疑懼或厭惡。所有的旅行都教導我們團結，就像候鳥在漫長的飛翔過程中，透過不斷鳴叫來彼此互助。旅行歸來之後，我們總是改頭換面：我們把一部分的自己留在彼處，同時也把許多事物帶回此地。新的界域促使我們成長，令我們提升能耐並拓展面向。和他人接觸使我們更開放面對周遭的一切：生活方式、環境以及人。旅行尤其還使我們學到關於自己的事物：我們的容忍範圍、失眠、不舒適以及適應挑戰的環境。在世界盡頭，我們的面具由於時差、疲憊而脫落，這是揭露自我的最佳方式。我們旅行之際所尋求的，或許就是了解真正的自己。

北極燕鷗 Arctic Tern，北極燕鷗每年從北極繁殖區南遷到南極附近海洋，之後再北遷回繁殖區，是已知的動物中遷徙路線最長的。攝於加拿大曼尼托巴省

灰林鴞 Tawny Owl，灰林鴞不遷徙，有高度的區域性

白喉針尾雨燕 White-throated Needletail

赤胸燕 Red-chested Swallow

位階代表大權在握？烏鴉和兀鷲

在庇里牛斯山的高山牧場，有一頭死掉的母牛。兩、三隻大烏鴉在上空盤旋許久，然後駐足在牛的屍體上。牠們開始用喙啄食這隻動物。但是一隻野蠻的兀鷲旋即現身，牠的體型和樣貌都怵目驚心。牠大搖大擺地接近並觸及這具動物屍體，雙翅大開，於是體型顯得比實際上更龐大，使得烏鴉立刻落荒而逃。漸漸飛來其他兀鷲。這個時候，拍動的翅膀、啄食的鳥喙以及呼嚕呼嚕的吞嚥聲之間，建立起一套截然分明的階級，其中每隻鳥都位階分明。先前還有權選擇侵吞犧牲者內臟的兀鷲，此時已被排斥到最內圈的食客之外，巴望著輪到自己重返餐席。和牠作伴的還有那群運氣欠佳、無足輕重的陪客——烏鴉。這場即興筵席中，每隻鳥都佔有特定的位階。但忽然出現一隻齒牙鋒利的狐狸，這一小群鳥類於是撤退，讓狐狸大快朵頤。強勢的動物飽餐之後，則輪到「較不強勢的」動物前來，之後才輪到「毫不強勢的」動物。烏鴉此時已經稍微重振信心，於是再度進入這群動物之間。正當其他動物可能因為吃太飽或太快而感到不適，烏鴉則更從容自在地投入這頓饗宴，其中的遺骸已經由強勢的動物們開腸破肚。等待是值得的，不是嗎？

在迴異的環境——沼澤，多面戰士（流蘇鷸）也採取類似的做法。就像這些棲居在泥灘周圍的水鳥的名稱指出的，牠們是生性愛鬥的小型涉禽——至少雄鳥是如此。春天一到，雄鳥就開始炫耀混雜著橘紅、黑、灰和一點白色的絢爛羽毛構成的頸圈。牠們在被喻為「競技場」的開闊場地，耗費許多時間爭奪雌鳥。位在周邊的雌鳥對這個場面興趣缺缺，反而積極專注地覓食。在她們身邊則是被稱為「次等（bêta）」的雄鳥——不強勢的雄鳥（相對於「領頭」雄鳥）。而且牠們頸部羽毛的顏色頗為單調，往往僅呈白色。牠們是否就消極地觀看這些鼓脹羽毛並且為雞毛蒜皮的小事爭執不休的領頭雄鳥演出這場大戲？沒錯，想當然耳。但牠們所做的也不僅止於此……就在強勢雄鳥埋頭爭執的時候，一些退居其次的雄鳥把握良機，毫不猶豫地向就在近處的未婚妻之一悄悄獻起殷勤！

在日常生活中，我們也會遇到一些惡棍，他們施展身體或精神上的蠻力，向大家施壓。對於這些政治、知識、專業或體育領域的領袖，如果我們不接受，則他們也無法掌控我們。保持一段距離，好好走自己的路吧，同時也觀察那些拋開人生一切幸福、耗盡精力贏得他人喝采的人……你也許不那麼具有競爭心，但生活絕不會因此就比較貧乏。此外，想想這隻母雞的畫面：在同伴之間，唯獨她選擇強出頭、當老大，而不是把精力放在……好好進食？「強勢」母雞的情形往往是如此，她們太汲汲營營於鞏固權勢，糧食則被比較關心肚子的那些「毫無地位」的同儕暗中偷吃了。

當我們握有權力時，能支配什麼呢？真正的操控者不更是那些退居幕後的人？這些人保持低調，但是採取另一種更好的方式？位階是一場遊戲：抵達金字塔頂端所費的時間遠遠超過待在上面的時間。同時包含鳥和哺乳動物的動物界裡，這樣的例子比比皆是。其中，強勢的雄性動物為了躋身位階高層而爭得面紅耳赤，精疲力竭之下，旋即被另一隻動物取代，於是無法在高階上維持太久。

受到肯定，然後掌有人們汲汲營營且崇尚的權力，這帶領我們走上可能迷失自我的路。畢竟我們越是攀到顛峰，就越容易忽略細節，越是對作為生命要素的小事物視而不見。政治領袖、演藝明星、法國股市排名前四十名的企業主真的這麼快樂嗎？當人臻至榮耀（以及事業）的巔峰，豈不總是有另一隻狐狸前來取而代之，或另一隻次等雄性動物將他們陷於悲慘的境地？雄性的領頭多面戰士仍然會吸引雌鳥，人類的情況是否至今依然如此？已經獨立的女性如今比從前更能決定自己的人生，以及所選擇的伴侶。她們會選擇可能到處尋歡的領頭男性嗎？科學研究顯示，次等的雄性終究還是比較安定，對伴侶更貼心。為什麼呢？也許是因為他們清楚自己的選擇比較有限。一些鳥很懂得這個道理。還是以小型涉禽——鷸為例子。雌鳥傾向於選擇體型小、而不是大型的雄鳥。為什麼呢？因為小型的鳥比較靈活而且會更妥善保衛領土和幼鳥，而相較之下，大型的鳥飛的時候更為笨重，而且面對掠食者時較不敏捷。所以，選擇次等還是領頭的雄鳥好呢？策略都由個人選擇！

小嘴烏鴉 Carrion Crow

西域兀鷲 Griffon Vulture，攝於西班牙埃斯特雷馬杜拉自治區

就是生活的幸福：像燕雀般快樂

在莫爾比昂（Morbihan，法國西北部省份）刮著強風。馬群躁動不安，人們的帽子飛走，並在寒氣侵襲之下，臉頰開始泛紅發熱。港邊的海鷗似乎自得其樂。牠們突轉、滑翔、脫離隊伍，然後重新來過。這些空中特技演員毫不在乎準確，純粹樂在消遣。或許對鳥來說，幸福的概念就是：迎風玩耍。

在康塔爾（le Cantal，法國中南部省份），長日將盡。在九月中旬的和煦恬靜的空氣中，夕陽即將西下，路的中央噴灑著水柱。水瘋狂地往四面八方噴灑，彷彿有人剛打開失靈的自動灑水裝置。滲出數不清的小水滴，在陽光下閃閃發亮。它們源自一個滿滿是水的洞，幾十隻歐洲椋鳥正在裡面洗澡。牠們一齊拍動翅膀，把水噴向空中，讓人以為牠們一心想徹底抽乾這個可憐的水窪，而在牠們成群結隊地抵達之前幾秒，這個水池單純只是映照著天空，一絲漣漪都沒有。如今它則被轉化成椋鳥的公共浴池。而看到椋鳥興高采烈，猶如小孩在游泳池戲耍，讓人覺得對牠們來說，幸福或許就是：和同伴們一同洗一場重拾活力的澡。

椋鳥、海鷗以及在陽光下曬暖翅膀的斑鳩，還有剛吞下一條肥蟲然後大搖大擺沿牆而行、得意洋洋的烏鶇，和慵懶而羽衣豐滿的鷺，牠半閉著眼睛，單腳站立……鳥類向我們展現許多樂活、玩耍、平靜、無憂無慮的時刻。對牠們來說，幸福的定義會是什麼呢？吃得飽飽的？不受掠食者侵害，或是無須擔憂危險，可以專注在自己的瑣事？沒有不幸——這就是幸福的起點。簡單地說，就是有點像我們人類。

但是，有沒有痛苦的鳥呢？鳥類是否也會抱持悲觀主義、或者憤怒不平？這可能不會出現在自然界，或不論如何不會持續太久：悲傷和不快往往涉及重提往事，或者對未來懷抱不安的預感。然而鳥類則活在當下。

儘管如此，牠們有時仍會顯現悲痛的模樣：當一夫一妻制的鳥失去伴侶時；當鳥巢、卵以及幼鳥被破壞或損傷時。但是我們不知道牠們感覺如何，也不知道這種感覺會持續多久。

囚禁在不良狀態的籠中鳥會顯露出「抑鬱」的跡象（衰弱，羽毛黯淡而且折損），牠們甚至可能因而死亡。囚禁會使某些種類的鳥痛不欲生（例如中美洲的鳳尾鸛或是魚鷹），甚至會因而喪命。相對地，其他的鳥則在籠子裡成功繁殖（然而動物絲毫無法在壓力之下生育），甚至比在野生狀態裡長壽許多（持續緊張的動物較為短命）。這於是讓我們了解到：擁有儘管侷限但令人滿足的生活空間，具有充足糧食和純淨的水、定期的照料，不受掠食者、因此也不被「壓力」侵襲——這有時補償了被剝奪的自由。

終究，知道幸福的真正成因並非這麼容易。如何界定幸福呢？許多哲學家試圖提出幸福的定義，往往建議某種智慧和自我節制的理想組合。鳥類會不會是伊比鳩魯主義者（épicurien），懂得節制、滿足於小小的快樂，同時不會過度享樂以至於落入樂極生悲？鳥類普遍都是如此。野生鳥天生節制，只吃所需的食糧……在大部分時候是這樣。

不過總是有相反的例子。鶇就不是以節制著稱。在動物界，這種鳥甚至以酩酊大醉而出名——牠們在秋天用熱愛的發酵莓果把自己灌醉。鶇恣意吸吮果實含有的酒精，引發大家熟知的那種微醺。看看這些鶇女士開始沿著鋸齒形的路線飛行。真是嘆為觀止！再會了，伊比鳩魯，這個例子比較接近拉伯雷定義的幸福：好好享受並且大快朵頤。

仔細想想，鳥還是比較傾向享樂主義（Hédoniste）：牠們追求的目標是個體的愉悅。因此屬於帶有拉伯雷傾向的享樂主義，追尋快樂並且避免痛苦，此外，在情況允許之下，還會飽餐一頓。不過，如果鳥鄙夷某種形式的哲理，那絕對會是禁慾主義（stoïcisme）。活在當下的鳥類幾乎不需要自我節制或屏棄慾望。

實際的情況是，鳥不會問自己是否幸福。牠們活出幸福。當一切順遂，牠們就快樂，很單純。懂得不擔憂，這豈不就是幸福的起點？

蒼鷺 Grey Heron

鳳尾綠咬鵑 Resplendent Quetzal

鳳尾綠咬鵑是瓜地馬拉共和國國鳥，該國貨幣「格查爾」即取自 Quetzal

魚鷹 Osprey

重探聰明的定義：探索小鳥的腦袋！

人類很容易為本身的聰穎洋洋得意，因而自認為比地球上其他所有生物都更優越。我們也總愛依照動物的聰明程度將牠們歸類：被視為「機靈」的物種（狗、海豚、大猿……）備受推崇，被視為「愚笨」的動物則卑劣低下，除了少數的鳥類和魚類，這些動物大都被認為是愚笨的動物。但事實不然。此外，知道某種動物或某個人比別的動物或人更「有天分」與否，真的這麼重要嗎？

而若要界定什麼是聰明，情況則更為錯綜複雜。大家熟知的智商測驗在很大程度上忽略了人類的內涵。如果文生．梵谷接受這項測驗，他如何獲得高分？如果是紀堯姆．阿波里奈爾（Guillaume Apollinaire，二十世紀初期的傑出詩人）呢？藝術家所發揮的聰明形式豈不是完全無法用邏輯測驗估量的？誠然，聰明是領悟力，但是領悟什麼呢？是了解引擎的運轉，還是領悟世界的美好？是了解流體力學，還是和你面對面的人的內在感受？為什麼解答數學問題比會寫詩更厲害，贏得下棋冠軍的人比能協調配色或精湛演奏小提琴的人顯得更聰明？聰明的定義本身往往帶有制定相關標準的人的偏見。實際上有著不同種類的聰明，而且它們同時並存。例如，今天人們更常談論「情商」，它讓我們細微洞悉人與人的交流關係，有助於使我們和身邊的人融洽相處。它也需要運用適應力，我們才能在遇到新狀況時臨機應變。

這些能力如何展現在鳥類身上呢？首先，必須注意避免將聰明和演化進程混為一談。例如，都市裡的歐亞大山雀唱歌比鄉間的歐亞大山雀大聲，是因為前者的歌聲被城市的噪音掩蓋，於是牠們必須放大音量，才能向夥伴傳遞訊號。原因並不是這種山雀了解到必須為了被聽見而這麼做，而是牠們適應環境變化而導致的結果。

鳥類並不笨。美洲的小蜂鳥很快就了解到在餵鳥器比在花叢中容易找到糖水，進而對餵鳥器的糖水上癮，以至於一般並不建議用餵食器供應糖水給牠們（或者只有在很偶爾的情形下提供）！至於都市人經常抱怨的鴿子，根據新進的試驗，牠們具備時間和空間的概念。

至於在動物「智商」排行榜上名列前茅的鴉科鳥類又如何呢？這個科的鳥種涵蓋烏鴉、渡鴉、禿鼻鴉、寒鴉，還包含喜鵲以及松鴉。以松鴉為例，這種鳥以富於遠見而著稱：秋天來臨時，牠會預先儲備大量穀物和堅果，並將它們藏在各處，作為糧食短缺的冬季存糧。來一段小插曲：因為松鴉到處藏了許多存糧，有時自己也會忘了藏在哪裡。這還造福意外發現這些食物而且食用相同糧食的其他鳥類，並且成為林務人員的得力助手，因為如此一來，松鴉也參與了播種，助長未來的樹苗生長！但是，讓我們回到松鴉小聰明的主題。如果一隻（或一對）松鴉在隱藏穀物時，突然察覺有別隻松鴉在窺探，而且很可能偷偷摸摸前來奪取牠的寶物，牠就會改變行徑，假裝在藏穀物，藉此欺騙窺探的鳥兒！烏鴉也以類似的方式偽裝。

許多研究都以鴉科鳥類為主題，這些鳥種令人入迷的程度不相上下。研究發現，自然界的某些烏鴉會運用一些工具，來獲取不易取得的糧食。就像黑猩猩會藉助枝條或是細枝。還有更厲害的：某些鳥類甚至會用樹枝製作鈎鈎，就像新喀里多尼亞的某些烏鴉族群。在實驗環境中，新喀鴉會彎曲小鐵絲、做成鈎子，成為攫取食物的實用工具。

城市裡的一些烏鴉甚至會從都市生活汲取益處。牠們學會善加利用車流和紅綠燈來碾碎堅果。牠們將堅果準確落在汽車遇到紅燈時停下來、行人穿越馬路的地方。綠燈亮起時，烏鴉落下的堅果立刻被車輛輾碎。紅燈亮的時候，牠則飛到地上，大快朵頤——直到下次綠燈亮起！

有些研究指出，烏鴉也會對其他烏鴉指出如何製作工具，或是運用某種策略，顯示出某種程度的知識傳授。同樣的情形也見於大猿，而人類直到近期都還認為這種能力只屬於人類所有。

最後，值得一提的是對喜鵲做的實驗：喜鵲照鏡子時能夠認出自己（科學家在牠們的額頭點上一個紅點，牠們看到紅點時，會試著搔抓它，將它清除）。於是，某些種類的鳥（烏鴉、鸚鵡……）成功通過了自我意識測試或「鏡子測試」。人類嬰兒要等到出生十八個月後，才開始具有自我意識。

因此，鳥類並不笨，除此之外，聰明和自我意識也並非人類獨有的天賦。人類長久以來認為腦容量越大的物種或個人，進化的程度越高（而且男人還提出愚鈍的論點來自我說服，確信自己比女人更優越——女人體型比較小，她們的頭和大腦通常也比較小）。鳥類提供我們一個鮮明的反例。比起猴子或大象，烏鴉的大腦的確很小！但是這種鳥大腦所包含的突觸連接數量超過所有哺乳動物的兩倍。這證明了大腦體積並不是重點。

我們人類很快就把和我們相異的所有動物一律評價為低等。此外，部分人類整天費心證明其他人（具有不同膚色、生理殘疾的人等等）比較低等。動物因而向來總是被視為很低等，而法文的「bête」一詞同時指「愚笨」和「禽獸」。然而，基於我們總愛衡量一切並將一切分類的癖好，我們用太屬於「人類」的標準界定動物的聰明，然而動物的某些聰明有時則超乎我們的理解。

人類的智慧當然無與倫比，但是每個物種都具有相應的智力傾向。旅行時不迷路、察覺捕食性動物逼近、在原始森林深處尋覓糧食——鳥類在這些方面都比我們更靈巧，至於我們永遠不會看到兩隻蜂鳥下撲克牌，也就無關緊要了。

而且，讓我們以更謙卑而好奇的觀點，看看烏鴉、松鴉以及和牠們相近的鳥種如何向我們揭示，人類還有待向動物好好學習，以及其中帶來的省思。也許牠們有助於我們了解語言的源頭、抽象思考、慾望、恐懼、意念，甚至想像力。烏鴉使用工具或運用策略的能力，使牠在動物界中位居不凡的等級，並使牠變得和人類更近似。距今兩千六百年前，賢人伊索不就在烏鴉寓言中，描述了牠如何把小石子丟進水甕，使原本低水位而喝不到的水上升，於是牠就能飲水解渴？連烏鴉都……

人類對動物具有的各種形式的聰明或感受抱持的傲慢心態，某方面令人聯想起克勞德・李維—史陀（Claude Levi-Strauss）在他所著的《憂鬱的熱帶》（*Tristes Tropiques*）中，論及人類彼此之間如何相互評斷：「白人宣稱印地安人很愚笨，後者則只是揣測前者可能為神。兩者的無知程度相當，然而後者的態度當然使他們更不愧為人。」

如果聰明始於謙卑呢？

歐亞大山雀 Eurasian Great Tit

蜂鳥 Hummingbird，攝於哥斯大黎加共和國

渡鴉 Raven，渡鴉擁有所有鳥類中最大的腦部，許多研究指出渡鴉有解決問題的能力

禿鼻鴉 Rook

寒鴉 Jackdaw

歐亞喜鵲 Eurasian Magpie

歐亞喜鵲是目前少數已知能通過鏡子測試的物種，也是唯一已知能通過此測試的非哺乳動物。鏡子測試，是一個自我認知能力的測試，它基於動物是否有能力辨別自己在鏡子中的影像而完成

新喀鴉 New Caledonian Crow，新喀里多尼亞特有種，有製作、使用工具的能力

來個徹底的翻轉如何？翻轉一下這個卿卿我我的天真看法：小鳥溫存地相親相愛，牠們的生活純然就是悅耳的鳴唱和絢麗的羽毛。這個理想境界被凝結在像是法國郵局一九二〇年代出品的「小花和小鳥」主題月曆翻印的畫面中。

現實的情況更為殘酷，而且……更錯綜複雜。這和動物的演化息息相關。例如，蝸牛在日常生活中沒有面臨激起牠們劇烈反應的嚴酷考驗或競爭，牠們只要能吃到鮮美的萵苣，而且不被園丁踐踏，生活就安然自得。至於蝸牛的繁衍，雌雄同體的構造使牠們在繁殖上具有更多可能性，因此競爭也比較小。然而位居龐大生物鏈另一端的哺乳動物的生活則往往更具侵略性。在某些食肉動物以及猴類的生活中，都可能包含劫持、侵犯、捕殺幼獸等行為。不幸地，這也出現在人類的世界……

那麼鳥類呢？在我們眼中，鳥類的哪些部分可能是「美」或「善」，或相反是「惡」的？而人類這種評斷如何影響我們對鳥類生活的了解？鳥類不是蝸牛，也不是黑猩猩。然而，牠們的某些行為仍然令我們人類驚異。例如杜鵑鳥的行為在某些方面可能被人類視為可恥。

例如，雌的杜鵑鳥會在別的雌鳥巢裡產卵（也就是「寄生」），然後，剛剛破殼而出的幼鳥會把巢裡原有的卵（或甚至小鳥）推出巢外，於是就能毫無後顧之憂地享有體型比牠小兩、三倍的鳥餵養，親鳥則必須四處覓食，才能滿足這隻幼鳥的龐大食慾。如果用人類的詞語形容杜鵑鳥飼養後代的方式，必然是「不道德」。真正的親鳥從來都不照顧小鳥，所以至少應該在牠們的背上貼著「社會和衛生事務局」和「青少年司法保護機構」

的標籤！

實際上，杜鵑鳥的繁衍策略既不是無緣無故，也不是為了「毀掉」其他鳥類的生活，而是長期演化的結果。在動物界，首要的目標就是盡可能繁衍最大量的後代，而在情況允許之下，盡可能以最省力的方式繁殖。雌的杜鵑鳥透過把所孵的蛋分別置於許多不同的巢，來提高繁衍後代的機率。首先，她確保了小鳥的存活——這多虧了宿主出於親鳥的本能，於是不論後代的體型大小，都會餵養直到小鳥獨立為止。此外，如果其中一個巢被捕食者蹂躪或遭到損害，其他的蛋仍然會受到保護。簡單地說：她不會把所有的蛋都放在同一個巢！

對於杜鵑鳥來說，這種策略的另一個優點是：如此一來，她可以幾乎毫不費力地生育，有別於大部分其他鳥類在繁衍期筋疲力竭。

再舉一個例子：一個幼童在廣場上吃著糖果，手上拿著糖果包。突然有兩個小孩竄出來，搶走幼童的甜食，接著像兔子般一溜煙跑走了。幼童的母親氣得大叫，幼童則哭了起來——這個場面雖然平凡無奇、毫無戲劇性，但我們會不假思索地判定兩個小孩的行為是否應該受到譴責。

我們在鳥類中也能觀察到相似的行為。聽過賊鷗嗎？可能沒有吧。這種具有暗色羽毛的大型海鳥，飛翔的姿態高傲而優美，牠們終其一生都依附其他鳥類生存、從其他鳥種偷竊糧食。賊鷗不像燕鷗那樣認真努力捕捉牠最喜歡的「獵物」——魚類，而是等待別的鳥捕到魚，接著就寄生過去。賊鷗經過漫長的海上追逐，最後得到別的鳥的答謝，任憑牠奪走捕到的魚。這種充滿美感的空中景觀也就是所謂的偷竊寄生（kleptoparasitisme）。但是如果依照我們人類的價值體系，這絕對應當受到道德譴責。這種行為背後的原因至今未明，畢竟，賊鷗的情形和雌杜鵑鳥相反，牠在偷竊時必須耗費龐大精力。對牠來說，捕獲的魚其價值想必高於追逐所付出的代價？

在人類社會被譴責（但層出不窮）的偷竊行為，是許多物種採行的策略。而從受害者的角度來看呢？儘管燕鷗的糧食經常被賊鷗偷走，牠在某些時期無疑也感謝小偷的陪伴——尤其在繁衍期。賊鷗實際上在高北極區域築巢，而且以高度警戒的態度看守附近的地帶。當北極狐來襲，尋獵鳥蛋或者雛鳥時，賊鷗會率先發出警訊並衝向這頭哺乳動物，而往往使後者逃之夭夭。燕鷗很清楚在鄰近賊鷗的地方築巢的好處，因為賊鷗會在燕鷗體衰力竭的繁殖期予以保護。然後，等到小燕鷗獨立單飛之後，燕鷗親鳥也必須繼續往南飛行。偷走幾條魚並不會對這兩種鳥彼此的平衡構成威脅，無疑地是應當付出的代價。

在人類潛意識中根深蒂固的善、惡問題對我們來說似乎理所當然。然而，道德隨著時間和社會而演進：今天被視為「善」的事物不盡然和過去相同，而在一地被視為「善」的事物也不盡然都在其他地方成立（即使各地的主要重大禁忌都類似）。我們人類和其他物種的區隔在於，我們會依照所制定的準則對行為做出過多的道德評斷（而這些準則有時也會逐漸改變）。

然而，自然界的法則超乎我們對善惡是非的評斷。於是，在某些情況，鳥類能促使我們反思執意認定為善或惡的事物。在德國佔領法國的時期，非法藏匿猶太人的人被指為作惡，然而他們卻是在行善。我們應當時時自我提醒：「善」與「惡」既不是自然的，也並非一成不變，而是人類建構出來的，它在同等程度上既是集體的、也是出自個人的，而且會與時俱進。

大杜鵑 Common Cuckoo，又名布穀鳥

南極賊鷗 South Polar Skua

何必懼怕自己的影子？落荒而逃的燕雀

燕雀在草地上啄食。突然間，一抹影子驚動了牠。會是貓嗎？受到驚嚇的鳥兒振翅飛走。倉皇之際，牠沒注意到前面的凸窗，撞了上去，斷了脖子，一命嗚呼，化為草地上的一小團羽毛。這一切都是因為一抹影子，而那甚至或許不是貓的影子。害怕有時會導致誤入歧途。

但是我們和鳥類的差別又有多少呢？當夜幕降臨，我們獨自在家時，難道總是志得意滿嗎？劈啪聲、砰然作響的百葉窗、鍋爐發出的怪聲、樹被風吹過的沙沙聲……即使已經成年的我們，誰不會因而嚇一跳、誰從來沒有想像過充斥著盜賊或勒索者的詭異情節？我們幾乎就像個小孩，以為床底下躲著怪物。在我們的一生中，有多少個夜晚因想像出來的恐懼而驚醒，並且羞愧地將這一切掩埋在內心深處？

恐懼是我們古老的情緒之一。它在人類以及鳥類身上引發同樣的徵狀：心跳加速、痙攣、驚跳、顫抖，有時大叫，或者癱瘓。驚嚇的鳥往往會滴下糞便。我們知道，人類在極為害怕時也會失禁。

在鳥類以及人類的族群，恐懼都具有感染性，而成群的鳥或人都可能因驚慌而落入極度的騷動不安。這種群體的騷動有時會釀成災禍，但實際上卻毫無危險存在。就像在玻璃窗上撞得粉身碎骨的燕雀，唯一的禍根其實是恐懼。

在白天活動的鳥種會不會和我們人類一樣怕黑？我們不得而知，但可以確定的是，牠們會在夜晚來臨時趕緊躲起來，在庇護之下好好睡覺。必須一提的是，我們人類決定違反自然的節奏，連入夜之後都繼續活動，而且為此發明了人造燈光。由於人類眼睛的構造侷限，我們無法在黑暗中看清楚。如果我們孤零零地置身荒郊野外，會比鳥類還驚惶許多！

鳥類和我們人類共通的恐懼，還包括：牠們也懷有「幽閉恐懼」，牠們受不了被關起來。此外，某些——特別是愛社交的——鳥種無法忍受孤單，一定要成群結隊才覺得安心。鳥類和我們人類之間，在所害怕的事情等方面都有共通之處。

那麼，恐懼有什麼作用呢？幾乎全部有感覺的生物的「設計」都包含恐懼感。這是一種有益的情緒，它作為我們的護欄，讓我們避開危險。恐懼使我們倖免於難，而人類——還有燕雀——應該感謝膽小鬼。

歸根結柢，人類所有的恐懼都源自對死亡的憂懼。這是那最根本的恐懼。鳥的情形也一樣。牠們擔憂捕食動物來襲。如果鳥始終提高警覺，那是因為牠知道即將遇到危險。我們人類——不論男性還是女性，則再也不必害怕「捕食者」（但除了值得注意的例外……那就是其他的人！）；

儘管我們現在和一隻老虎或北極熊四目相對的機率微乎其微，我們仍惴惴不安。

雖然這些憂懼經常涉及實際的危險（意外事故、後代的幼小脆弱等等），然而更多的時候，令我們害怕的事物是自己的想像所編造的。就像鳥類，單純的葉子搖動都足以使牠們驚慌。我們的大腦有時會杜撰與現實脫節的災厄情節，我們對某些事件懷抱過度的擔憂。如果我們考試失敗、在喜歡的人面前臉紅、在漆黑之中度過夜晚、換工作，或者更廣泛而言——如果我們失敗，難道就面臨了死亡的威脅嗎？那麼，我們為何反應如此激烈呢？

我們身為具有高度進化大腦的人類，為何有時也像燕雀一般慌亂不安？

恐懼會擾亂我們的生活，我們因而落入有害健康的壓力狀態：過度焦慮導致失眠、沒胃口、免疫力下降……在某些極度驚懼的情形，心臟稍微虛弱一點的人類以及鳥類，都可能由於心臟病發作而喪命。

如何區分正面的恐懼和負面的恐懼、合理的恐懼和不理性的恐懼？

鳥無法加以區分。我們則比鳥類多了一項優勢：人類能夠思考、抽離。鳥被恐懼主導，牠必須求生、盡快飛走。我們則多少都能夠抑制不理性的擔憂。但是，從另一方面來看，我們已經在某種程度上失去了感受內心深處深刻情感的動物天賦，換句話說，有時的確還是必須傾聽恐懼意味著什麼——畢竟它確實具有保護我們的作用，它帶來的訊息也不容忽視。

「負面的恐懼」令人裹足不前：它使我們停滯、僵化。它基於言之成理的藉口而滋長，導致我們不敢冒險，阻礙我們徹底地活。

而有些時候，我們拒絕傾聽發自肺腑深處的「正面的恐懼」：例如當我們知道某個職位儘管薪水優渥，但並不符合我們的價值觀，但我們還是接受了。當我們覺得常和某人來往並無益處，或者某個銷售員不誠實，但我們仍然壓下內心的聲音，繼續消極地接受。

為什麼這麼難聽取真正的警示、屏棄虛妄的警訊呢？我們或許應該更加傾聽自己的身體和感覺——重新憶起我們的動物本能。大腦會捉弄我們，它的理性思考經常壓抑內心的感受。我們越能和自己的情緒同步，就越不會被情緒淹沒，而且更能接收到這些情緒所傳達的訊息。

蒼頭燕雀 Chaffinch，燕雀科燕雀屬

紅腹灰雀 Eurasian Bullfinch，燕雀科灰雀屬

聲調告訴我們關於「他者」的事：加萊的燕雀還是馬賽的燕雀？

鳥類的鳴囀豐富多變，令所有具有聲音和音樂細胞的人讚賞有加。每種鳥都各具特有的語言，牠們的獨特叫聲造成彼此的區隔性。

新進的研究發現，同一種鳥會發展出各自的「地方聲調」。例如麻雀還有交嘴雀，或是森林、都市公園和花園中常見的蒼頭燕雀，都是具有多種地方聲調的鳥類。讓我們來看看蒼頭燕雀。只要豎起耳朵仔細聆聽，就不難察覺在史特拉斯堡、巴黎、阿雅克肖（Ajaccio）或者坡市（Pau）等地的蒼頭燕雀歌聲具有些微差異。沒錯，馬賽的燕雀和布列塔尼區的燕雀聊天的口音不盡相同！如果牠們的樂句大抵相同，一地的燕雀會在整首樂曲結尾唱出細微的裝飾音，別處的燕雀則不會。這就是所謂的聲調或者方言。但這些差異會發揮什麼作用呢？並沒有明確的答案，但可以確定的是，各地的燕雀都分別發展出特有的歌聲，於是能夠辨識同一地區的其他鳥兒。燕雀會不會透過聲調差異，來阻擋其他具有「異樣／外地」聲調的燕雀進入地盤？牠們的確可能有這種反應。我們所知道的是，在新區域棲息的燕雀必須調整歌聲，藉此和當地其他燕雀打成一片。就和⋯⋯我們人類一樣！

在街上、咖啡廳、火車上，我們的聽覺立刻辨別出不是「本地」的口音。某些口音聽起來似乎悅耳而充滿魅力，其他口音則令人莞爾，還有其他口音聽起來粗俗無比。這純粹只是個人喜好的問題嗎？顯然不是。基於集體想像而對某種口音抱有的潛在成見，絕對會影響我們的觀感。於是，我們法國人的美洲遠房「表親」的魁北克語調似乎立刻令人備感親切。然而，鄰近區域的口音則可能比較容易招致異樣眼光：種種難以撕掉的標籤包括郊區口音、巴黎口音或者皮卡第語等等。沒有人例外，畢竟我們從小就受到所浸染的環境影響。想當然耳，對自己出身感到自豪的人對此感到自在；其他人則會因而感到不快，而且試圖掩蓋自己的口音。更耐人尋味的是：許多人都很確信自己沒有口音。但是，在我們鄰近地區的人耳中聽起來，我們卻都帶有某種口音。此外，我們和燕雀一般，一旦遷居到別處，也會傾向採用此後居住的地方的腔調，或者——最常見的情形——捨棄我們原來的口音，以更「中性」的腔調取代。

一如燕雀必然會趕走和牠的鳴聲稍微不同的入侵者，我們豈不也會在聽到某種「外來」口音時，腦袋裡亮起一盞小燈（即使是在無意之間）？甚至不乏這樣的說法：「啊，所以您不是我們本地人！」。我們透過口音所了解的關於「他者」的事物似乎多過於對方準備要展現的。這種先入為主的觀念可能接著引發不盡然友善的反應。相反地，當我們耳際響起聽來熟悉的腔調，我們立刻判別說話者「是同鄉」。這讓人自然地心生好感、默契，也打開了話匣子。來自某個相同的地區、在他鄉相遇的兩隻燕雀之間是否也如此呢？牠們會想：「啊！所以您跟我都來自同一個地方！」我們進化的程度終究和燕雀相差不遠……

白翅交嘴雀 White-winged Crossbill，燕雀科交嘴雀屬

麻雀 Eurasian Tree Sparrow

最佳求愛策略：（企鵝的）理性或者（鴨子的）激情？

「像動物那樣做愛。」這句有點粗魯的俗話是否有所根據呢？它預設了：動物並不做愛，而單純是毫無節制、不帶感情地進行性行為。鳥類屬於被視為較低等的動物，其性行為很可能往往直截而粗野。如果看看綠頭鴨的情形，的確是如此。

冬季中期，求愛季節才剛展開，身披新郎羽衣的雄性綠頭鴨就已經開始急切地縈繞在雌鴨身旁。但在鴨子的族群，雄鴨的數量往往多於雌鴨。一隻可憐的母鴨同時被兩隻、三隻、四隻或六隻綠頭鴨追求，她拚命試圖飛走脫身——這種情況並不足為奇。然而她徒勞無功：一隻公鴨不久後就逮住她，並跨到她身上。另一隻公鴨接著騎上前一隻公鴨，第三隻公鴨也接踵而至……於是，不幸的母鴨有時會在多隻公鴨襲擊之下喪命。

但並非所有鳥類都是如此，而且情況恰恰相反。我們雖然沒有看到對著所愛的對象彈琴示愛的鳥兒，但是的確也不乏類似的現象。以燕鷗為例子，牠們的羽翼纖細，具有分岔的修長尾巴和輕盈的飛翔姿態，有點類似燕子，因此又稱為「海燕」。求愛季節再度來臨時，雄燕鷗不會魯莽地衝上雌燕鷗，而是加以引誘——憑著耐心還有……禮物。實際上，雄燕鷗為了引誘雌鳥產卵，會在共築愛巢的地點為她獻上小魚（這當然是為了對她展現自己的捕魚功力，以及表示會為未來的小鳥覓食）。雄鳥的這些獻禮成功擄獲芳心，牠在對雌鳥呵護備至之下順利和她交配……這同時使夫妻關係更為緊密，牠們未來將一同扶養小鳥，直到小鳥單飛。

南極巴布亞企鵝也以類似的態度傳導熱情。雄鳥將持續為雌鳥獻上碎石。因為牠不太適應陸地，於是走起來搖搖晃晃；牠為了累積石子，在海濱和雌鳥未來產卵的地點之間往返無數次，辛勤地用喙夾著一顆顆石子，一直飛到戀愛據點，將石頭置於雌鳥足下，然後再次前往尋覓碎石。然後，當碎石累積到足夠的數量，牠（我們會說是帶著愛意）加以排列，使它們形成猶如一個小圓圈，圍繞著兩顆產下的卵。這毫無用處，因為雄鳥只是單純將石頭放在地上，沒有任何其他的鋪陳。但雌鳥就是喜歡這些碎石，一旦鄰近的鳥夫婦之中，有雄鳥出於怠惰而試圖從她這裡偷走石頭，她就會小心翼翼地捍衛。

是否有某些鳥類比其他鳥類更理性、更深思熟慮呢？提出這個問題，無疑已經是用我們人類的眼光對質問的對象投以偏見。可以確定的是，更「理性」而比較不「激情」、會花費時間引誘的物種，其繁衍過程比較安定。就如燕鷗或者企鵝，牠們揚棄綠頭鴨等鳥種的投機式性行為，而且公鳥和母鳥一齊經歷孵卵期並一同扶養幼鳥，於是更能保證成功傳宗接代。雄性綠頭鴨則在交配之後，即拋下雌鴨和整窩的卵……在鳥類之中，比起具有「激情」的關係但雌鳥必須獨力扶養小鳥的鳥類，「理性」的夫妻似乎更保證了會好好扶養小鳥。有點像我們？人類必然會對此抱持「道德」的批判，而鳥類則單純為了傳宗接代而施行計策。

巴布亞企鵝 Gentoo Penguin，是僅次於皇帝企鵝和國王企鵝後體型最大的企鵝物種，攝於南極洲南設得蘭群島

被小石子圍繞的巴布亞企鵝雌鳥，與她的企鵝寶寶

巴布亞企鵝雄鳥將石頭置於雌鳥足下

綠頭鴨 Mallard，雄鴨與雌鴨，攝於斯洛伐克共和國

美帶來的啓示：羽衣，我美麗的羽衣……

蝴蝶、熱帶魚、鳥的顏色使人類目不暇給，而人類也往往認為這些動物體現了極致的美。尤其鳥類，結合了種種的魅力：天生優美的飛翔姿態、纖長且好看的羽毛（冠羽、纖羽……），以及有如萬花筒般的無限色彩。更錦上添花的是鳥的鳴唱，使這場炫麗的節慶化為音符。這至少是身披華美羽衣的鳥種的情形。然而，下文將會說明，並非所有鳥類都是如此。

從鳥類的角度來看，多彩的羽毛有很重要的行為功能。儘管鳥類身上也不乏「毫無作用」的美，但牠們的羽毛主要是用來和其他的鳥溝通、在求偶炫耀儀式上施展魅力。人類審美標準比較是針對女性，這和許多鳥類相反，牠們之中以公鳥身上的顏色最豔麗。這些鳥種的雌鳥羽色較為平凡，以便更徹底融入自然環境，這是由於她們在孵卵和扶養小鳥時擔負著重責大任。稍微黯淡的羽色更能防禦前來掠食的動物。這是攸關存活的問題。羽色絢爛的公鳥在春季炫耀一身華美的羽衣時，也成為更顯眼的獵物。在某些例外的情形，絢麗的羽色也能作為絕佳的保護色。以金黃鸝為例，這種鳥的羽毛呈鮮黃和黑色。對比鮮明的羽色使牠們在翺翔時極為醒目，而棲息在樹上時（牠們是樹棲鳥），則變得隱而不顯。這純粹是由於黑色和黃色的搭配和葉叢的明暗色調如出一轍。

然而，這些行頭雖然有時會招致危險，卻也是擄獲雌鳥芳心的必要條件。雌鳥往往會選擇最愛出風頭的公鳥，因為這證明公鳥的體魄強健而且健康。條件好的公鳥才會毫不保留地展露自己。

此外，我們將看到分工或徹底合力扶養小鳥的鳥類經常身披相同的羽衣：一般會說牠們除了生殖器官不同之外，外型並無二致——換句話說，牠們外型相似。這使得我們很難區分海鷗或者烏鴉的性別！值得一提的是，在遮蔽生殖器官的人類身上，生殖器以外的性別差異並非總是這麼顯眼，因為必須透過人為的方式加以凸顯：髮型、衣著、彰顯男性或女性氣質的典型姿態、獨特的香水——還有獨特的汽車！人類對性別區隔加諸高度的強制性。踰越這些性別準則的人往往都遭到嚴厲譴責。人們會粗暴地質疑和批評不除毛的女人或穿裙子的男人。我們為何如此恐懼混淆兩性呢？

不論如何，在人類的族群，美麗的外表也構成誘惑的一大優勢，而且人們不惜透過一些美化外觀的矯飾稍加偽裝。但是，誘惑總是等同於欺騙嗎？想想有小天鵝陪伴的麗達以及對她傾慕有加的朱比特的神話，後者化身成鳥，以利用前者容易受騙的個性。誘惑並不總是帶有誠意，矯飾的極致是徹底改頭換面。某些公鳥也會發生這種情形，牠們在春天徹頭徹尾地「變形」，披上華麗的羽衣，而一旦交尾結束，就會褪去這身羽毛。殘酷的幻滅！於是，這些男男女女在引誘階段施展自身的一切優勢和美貌，而一旦他們認為已經追到手，就棄對象於不顧（但這並不可取）。

此外，如果稍微追根究柢，會發現鳥類身上的華美羽衣其實掩飾著某種缺陷，也就是歌唱的天賦。即使總是有例外，但是雄鳥羽毛絢爛的鳥類大都歌喉欠佳。然而歌聲是繁衍過程的一項重大優勢。相反地，最棒的「歌者」的羽色往往都最平庸，像是全身棕色的夜鶯、黑色的烏鶇、僅有少數米色斑點綴飾的歐歌鶇等等。於是，大聲樂家都其貌不揚。物種演化似乎沒有提供給鳥類太多選擇：牠們只能從羽衣或歌聲二選一。某些鳥——像是烏鴉——甚至連一項都沒有。但是牠們可聰明得很！

這告訴我們：魚與熊掌不可兼得……

以上只是一段小插曲。

一項新近研究值得注意：它指出，某一種小型鳴禽——黃雀——的公鳥身披黃色、綠色和黑色的羽衣，雌鳥選擇顏色最豔麗、所以也最美的公鳥，因為牠們也……最機靈。為什麼呢？鳥類本身無法調製某些顏色（黃、紅、橘），因此牠們必須從自然界、透過所吃的糧食萃取。於是，覓食最游刃有餘的公鳥羽衣的顏色最為鮮豔。而雌鳥可不會忽略這一點，畢竟顏色最豔麗的公鳥也最會覓食來餵養……後代！在這個情形，「美」在擇偶過程發揮重要的加分作用。雄性黃雀透過羽衣對雌鳥展現長才。終究，一個裝扮出色的男人或者女人很容易吸引人們的目光。誘惑很大程度上是聰明地運用我們的特性來展示自己最好的一面，而背後是否涉及某種繁衍篩選的過程，讀者可以就此形成自己的看法！

金黃鸝 Golden Oriole，這種鳥的羽毛呈鮮黃和黑色，對比鮮明的羽色使牠們在翱翔時極為醒目，而棲息在樹上時，則變得隱而不顯

黃雀 Siskin

生與死的課題：臨終前躲藏的燕子

人們總說，鳥類臨終前會躲起來。確實如此。除了看過撞車或撞上玻璃窗而喪命的燕子之外，你看過其他的燕子屍體嗎？你經常撞見鳥的屍體嗎？沒有。因為鳥或是因為生病或衰弱而被捕食性動物捉住——並且吃掉，不然就是有充裕的時間躲到某個地方——在那裡呼出最後一口氣。

鳥類之中，沒有長期生病或年紀很大的鳥。鳥一旦力竭體衰，大自然就會負責終結牠的生命。很殘酷嗎？或者其實是人類殘忍地將生命延長到大限之後，教罹患絕症的病人或年邁的人忍受好幾個星期的折磨？大自然不會讓病痛延遲太久。病痛總是很短暫，而且生理或精神上的衰退現象並不存在。基本上，在鳥類的世界，生命的一切都被妥善安排。

蒙田曰：探索哲學亦即學習死亡。實際上，那就是準備接受死亡。但我們做得到嗎？所有的哲學和宗教都教我們，要坦然接受我們自己和親愛的人無可倖免的死亡，最佳的方式就是徹底地活，活在當下——透過感知和品味生命賦予我們的事物：陽光、多汁的桃子、出乎意料的笑容、在園子裡啄食的灰斑鳩、在枝頭活蹦亂跳的鳳頭山雀……這隻小山雀實際上有必要接受死亡嗎？當然不必，因為牠已經透過盡情享受每個片刻、找到的每一粒穀物、曝曬的每一道陽光，藉由這一切來接受死亡。牠不必學習這項真理，也不用哲學思考——因為牠已經徹底地活。鳥類是否具有天賦的智慧？山雀不預想未來的生活、不規劃、不延到明天，也不會認為以後再說就好。牠生活著。

我們每天會聽到人們說幾次他們「將來」會過得更好：當他們找到愛侶或者離婚，當他們度假或者退休，當他們換工作、完成工作或者加薪……？但是「以後」有時、往往都太遲了。當然，還是需要懷抱夢想，而某些改變的確有益。但生活就在此時此刻。誰知道我們今晚是否依然健在？誰知道我們將遭逢什麼樣致命的噩運？誰又知道我們最愛的人將如何離世？為什麼不稍微向鳥類學習，學牠們盡情活在當下，才不會在臨終時滿心懊悔？

鳥類不會想到未來的死亡，牠們有幸不具有人類的理解力和理性的思考，而儘管如此，牠們依然意識到自己的生命有限而且不堪一擊，並且會竭盡所能求生，也會擔憂任何捕食性動物的侵襲。實際上，掛念死亡、在沒有威脅之下憂心忡忡確實於事無補，因為這絲毫不會造成任何改變。

生與死是一體兩面，相互依存，對人類、動物、植物來說，這都是亙古不變的法則。我們的生命充滿小小的消亡、哀悼、中斷、開始以及新生。此外，從生物面而言，沒有任何生物會真正消亡：我們逝去時，身上的原子不會消失，它們重新循環再生，其中一部分融入一隻蚯蚓或一朵花，後來也許會被鳥兒吃掉，如此下去。亞洲智者的哲學即是奠基於這些循環。西方對事物則抱持較為線性的觀點，因此有時會忽略這一點，大自然與鳥類則中肯地提醒了我們。

也許不需要學習面對死亡，而是單純地學習如何生活。

鳳頭山雀 Crested Tit

鳳頭山雀

結語：適應還是消亡？

在我們瞬息萬變的世界，接連發生氣候暖化和自然環境損害等事件，而許多種類的鳥正逐漸瀕臨絕種。我們人類呢？我們是否能在自己正一手打造的人工世界存活下來？

物種如何適應所置身的環境？這是重大的物種進化問題，而進化支配著所有物種的存亡。我們人類自認為能夠從中抽身——當然是仰賴我們的智力……還是仰賴神力的介入？我們認為事不關己。儘管如此，但是……

達爾文率先闡明，這座龐大的進化機器如何從生物在地球出現以來，使數百萬種生物誕生、生存然後消亡。一個物種轉化成另一個物種，後者再轉化成另一種生物，以此類推。只要稍微回顧歷史，就不難理解物種進化是透過極為漫長的時間推進。於是，鳥在大約一億五千萬年前——可不是短短幾天裡——出現在地球上……牠們是從獸腳類恐龍化生而來，而且被視為這些今日已經絕跡的動物僅有的子嗣。例如，從迅猛龍演進成始祖鳥、再演化成金翅雀（簡而言之），整個過程經歷了幾百萬年。光鮮的羽毛、長時間飛行的能力、鳴唱——所有這一切並不是透過魔杖一揮就出現的。曾經有幾波物種多樣性大爆發的時期，生物大滅絕往往接踵而至，循環往復。這造就了許多其他物種誕生，或者相反地使生物絕跡。生物界經歷過數以萬計的反覆試驗，導向了演化的困境。鳥類、哺乳動物和萬物即是如此在造化之中誕生。

在這項法則中，源自靈長類物種的人類並非例外；從靈長類最終化生出各種各樣的人屬，今日的我們……正體現了此一種屬最新近的樣貌。一直到近代，智人（這是我們人類的學名）演化的方式一直都和其他物種類似，也就是透過適應環境而緩慢演化，而多虧人類大腦的強大能耐，人也隨著改善生存狀態、增進健康和增長壽命而持續演進。隨著時間流逝，人類開始分享某些優良的生活條件給一同生活的物種（由此出現了狗、貓、馬等家畜）。但是對其它生物來說，生滅大權仍是由演化的機器所操控。鳥類的情形也是如此。

世界一直如此圓滿地運轉，一直到人類踩下加速的油門。他們透過支配地球，特別是顛覆自然界平衡，在種種生態系引發了多番巨變，而幾個世紀以來，也導致地球氣候本身的劇烈轉變，到了連物種演化所需的漫長時期都遭到嚴重波及的地步。目前，人類生活在一種「即時」的狀態，不斷尋求更快的速度、增產、擴建，以及更快速地改變行為模式。

但是世間萬物還沒準備好加以因應。人類對自然施加的壓迫已經迫使許多物種不得不（以盡可能最快的速度……）適應，或者消亡。因此，科學家已經可以肯定地談論第六波生物大滅絕，這大大折損了生物多樣性，並繼而導致各種生態系愈加脆弱。

有人會反駁說，這並不是第一次發生大滅絕，畢竟之前已經發生了五波，而且都在人類降生地球之前許久。而每次滅絕之後，都會重啟生命的篇章。確實如此，然而這一波滅絕和以往不同：這次是由人類行為所導致。之前的滅絕都經歷相對漫長的時期——重新恢復生物多樣性所花的時間則更為漫長，眼前這一波則極為龐大駭人，而且迅速恢復的機率微乎其微。

讓我們睜大眼睛，張開耳朵。稍微關注在我們周圍飛翔和鳴唱的動物的人，必然察覺到雲雀、燕子等鳥類的數量已經銳減。這個轉變在格外短暫的時期就發生了（幾乎才幾百年間，從演化規模而言，猶如轉瞬）。雖然可能找到迅速成功適應的物種例子，但是對絕大部分的動物來說，適應持續處於動盪之中的生態系並非易事，甚至是緣木求魚。於是，當我們了解到棲居地球的一萬種鳥類之中，將有百分之二十五在二十一世紀結束之前瀕臨絕種，也絲毫不足為怪。數以萬計的動物和植物種類都將消失。

最特殊的鳥種或生活在地理區域有限的生態系的鳥類必然首當其衝，牠們將率先遭到滅種的威脅。但我們仍不能掉以輕心。或許有朝一日，就連最能適應環境的物種也將陷入威脅之中，而很可能位居這些物種之首的人類將成為物種演化災難的最終受害者，而肇禍的根因就是人類再也無法掌控的「加速」踏板。我們希望陷入這種境地嗎？陷入一個充滿敵意的世界，其中毫無鳥兒的蹤影？在那個世界，我們將對下一代說明我們人類如何導致燕子絕種？如果我們袖手旁觀，則我們也在自取滅亡。我們自認為比其他生物優越，可以任意蹂躪自然，無限膨脹我們自認無所不能的操控欲，但這似乎不切實際。我們人類正位於十字路口。我們的命運掌握在自己手中，就像把一隻還有心跳的燕雀握在緊縮的掌心，我們的手指幾乎要掐死牠，而鳥兒只乞求飛走。由我們決定是要張開手掌，讓牠飛走，還是……把手闔上。如果最後一項應當記取的教訓昭然若揭？那就是：我們決定好好保護鳥類的那一天，我們也就決定要保護人類。

歐亞雲雀 Eurasian Skylark

封面及裝幀設計：廖韡

菲利浦・杜柏瓦
Philippe J. Dubois

鳥類學家、環遊世界賞鳥的作家。曾出版數本關於氣候變遷及生物多樣性書籍。曾任全球歷史最悠久的自然出版社 Delachaux et Niestlé 總編輯。

艾莉絲・胡梭
Élise Rousseau

文學及哲學碩士，是一名記者、環保人士，曾出版數本關於大自然與動物的著作。

小鳥小哲學

重拾平衡、找回生活餘裕的22堂課

二〇二二年十一月三十日　初版第一刷

作　者　菲利浦・杜柏瓦、艾莉絲・胡梭
譯　者　林心如
編　輯　林聖修
發行人　林聖修
出　版　啟明出版事業股份有限公司
郵遞區號　一〇六八一
台北市大安區敦化南路二段五十七號十二樓之一
電話　〇二二七〇八八三五一

總經銷　紅螞蟻圖書有限公司
法律顧問　北辰著作權事務所

定價標示於封底。

ISBN 978-626-96372-5-6

國家圖書館出版品預行編目 (CIP) 資料

小鳥小哲學：重拾平衡、找回生活餘裕的 22 堂課 / 菲利・杜柏瓦（Philippe J. Dubois）、艾莉絲・胡梭（Élise Rousseau）著；林心如譯。──初版──臺北市：啟明出版事業股份有限公司，2022.11。192 面；12.8 × 18.8 公分。

譯自：Petite philosophie des oiseaux
ISBN 978-626-96372-5-6（平裝）
1.CST: 動物行為 2.CST: 人生哲學

175　　111016302

PETITE PHILOSOPHIE DES OISEAUX
By Philippe J. Dubois, Élise Rousseau